上海市工程建设规范

隧道发光二极管照明应用技术标准

Technical standard for application of the LED tunnel lighting

DG/TJ 08—2141—2020
J 12715—2021

主编单位：上海市隧道工程轨道交通设计研究院
批准部门：上海市住房和城乡建设管理委员会
施行日期：2021 年 4 月 1 日

同济大学出版社

2021　上海

图书在版编目(CIP)数据

隧道发光二极管照明应用技术标准/上海市隧道工程轨道交通设计研究院主编. —上海：同济大学出版社，2021.3
 ISBN 978-7-5608-9775-2

Ⅰ.①隧… Ⅱ.①上… Ⅲ.①隧道-发光二极管-照明技术-技术标准 Ⅳ.①U453.7-65

中国版本图书馆 CIP 数据核字(2021)第 026191 号

隧道发光二极管照明应用技术标准
上海市隧道工程轨道交通设计研究院　主编

策划编辑	张平官
责任编辑	朱　勇
责任校对	徐春莲
封面设计	陈益平

出版发行　同济大学出版社　　www.tongjipress.com.cn
　　　　　(地址：上海市四平路 1239 号　邮编：200092　电话：021-65985622)

经　　销	全国各地新华书店	
印　　刷	浦江求真印务有限公司	
开　　本	889mm×1194mm　1/32	
印　　张	3.5	
字　　数	94 000	
版　　次	2021 年 3 月第 1 版　2021 年 3 月第 1 次印刷	
书　　号	ISBN 978-7-5608-9775-2	
定　　价	35.00 元	

本书若有印装质量问题，请向本社发行部调换　　版权所有　侵权必究

上海市住房和城乡建设管理委员会文件

沪建标定〔2020〕565 号

上海市住房和城乡建设管理委员会
关于批准《隧道发光二极管照明应用技术标准》
为上海市工程建设规范的通知

各有关单位：

由上海市隧道工程轨道交通设计研究院主编的《隧道发光二极管照明应用技术标准》，经我委审核，现批准为上海市工程建设规范，统一编号为 DG/TJ 08—2141—2020，自 2021 年 4 月 1 日起实施。原《隧道 LED 照明应用技术规范》(DG/TJ 08—2141—2014)同时废止。

本规范由上海市住房和城乡建设管理委员会负责管理，上海市隧道工程轨道交通设计研究院负责解释。

特此通知。

上海市住房和城乡建设管理委员会
二○二○年十月十四日

前 言

本标准是根据上海市住房和城乡建设管理委员会《关于印发〈2019年上海市工程建设规范、建筑标准设计编制计划〉的通知》(沪建标定〔2018〕753号)的要求,由主编单位上海市隧道工程轨道交通设计研究院会同参编单位对上海市工程建设规范《隧道LED照明应用技术规范》(DG/TJ 08—2141—2014)进行修订而成。

本标准在修订过程中,修订组广泛调查和总结了前版规范执行情况,特别是近年来隧道LED照明技术的发展状况和上海道路隧道照明运营管理方面积累的经验,在此基础上又以多种方式广泛征求了上海隧道照明设计、建设、运营方面有关专家和单位的意见,通过反复论证研究后审查定稿。

本标准在前版规范7章5个附录的基础上,修订为7章3个附录。本次修订的主要技术内容有:扩展了原第3章LED隧道照明灯具内容,涵盖了大光通量LED隧道照明灯具的相关内容;删减了附录A控制装置和附录E独立式LED模块;其他原有章节的内容也结合当前技术发展、相关标准的更新等进行了修订、扩充与深化。

各单位及相关人员在执行本标准过程中,如有意见和建议,请反馈至上海市交通委员会(地址:上海市世博村路300号1号楼;邮编:200125;E-mail:shjtbiaozhun@126.com),上海市隧道工程轨道交通设计研究院(地址:上海市中山西路1999号申隧设计大厦;邮编:200235;E-mail:cai.yuefeng@stedi.com.cn),或上海市建筑建材业市场管理总站(地址:上海市小木桥路683号;邮编:200032;E-mail:bzglk@zjw.sh.gov.cn),以供今后本标准修订时参考。

主 编 单 位:上海市隧道工程轨道交通设计研究院
参 编 单 位:上海市道路运输管理局
　　　　　　复旦大学
　　　　　　上海城投公路投资(集团)有限公司
　　　　　　上海市市政规划设计研究院有限公司
主要起草人员:沈　蓉　　何铁峰　　沈海平　　孔德军　　王　晨
　　　　　　王丹丹　　安仁军　　李吴平　　刘小方　　刘兆吉
　　　　　　刘艳滨　　何昌轩　　杨志豪　　张　湄　　周锡芳
　　　　　　敖婷婷　　曹文宏　　傅　铭　　蔡岳峰
主要审查人员:刘千伟　　王小明　　朱跃忠　　王晓保　　陈　元
　　　　　　陈立中　　徐　俊

上海市建筑建材业市场管理总站

目 次

- 1 总则 ·· 1
- 2 术语、符号 ··· 2
  - 2.1 术语 ·· 2
  - 2.2 符号 ·· 6
- 3 LED 隧道照明灯具 ································ 7
  - 3.1 一般规定 ·· 7
  - 3.2 整灯 ·· 7
  - 3.3 控制装置 ······································· 10
  - 3.4 模块可互换灯具中的 LED 模块 ············· 12
- 4 隧道 LED 照明设计 ······························ 14
  - 4.1 一般规定 ······································· 14
  - 4.2 照明质量 ······································· 14
  - 4.3 照明标准 ······································· 15
  - 4.4 调光 ··· 16
  - 4.5 光源、灯具及附属装置选择 ·················· 16
  - 4.6 照明方式和设计要求 ·························· 17
  - 4.7 照明供电 ······································· 17
  - 4.8 照明控制 ······································· 18
  - 4.9 节能 ··· 20
- 5 工程施工 ·· 22
  - 5.1 LED 隧道照明灯具安装 ······················ 22
  - 5.2 管线安装 ······································· 22
  - 5.3 其他 ··· 23

6 工程验收 ·· 24
　6.1 验收条件 ··· 24
　6.2 验收内容 ··· 24
　6.3 测试要求 ··· 25
7 工程养护 ·· 27
　7.1 养护要求 ··· 27
　7.2 控制模式 ··· 27
附录 A　支　架 ··· 29
附录 B　LCP-SH 智能控制协议 ······································· 31
附录 C　内装式 LED 模块 ··· 69
本标准用词说明 ··· 72
引用标准名录 ·· 73
条文说明 ··· 75

Contents

1 General provisions 1
2 Terms and symbols 2
   2.1 Terms 2
   2.2 Symbols 6
3 LED tunnel luminaire 7
   3.1 General 7
   3.2 Whole luminaire 7
   3.3 Control gear 10
   3.4 LED module for module & control gear
       interchangeable luminaire 12
4 LED tunnel lighting design 14
   4.1 General 14
   4.2 Lighting quality 14
   4.3 Lighting criteria 15
   4.4 Dimming 16
   4.5 Selection of light sources, luminaires and accessories
       16
   4.6 Lighting modes and design requirements 17
   4.7 Power supply 17
   4.8 Lighting control 18
   4.9 Energy saving 20
5 Construction 22
   5.1 Installation of LED tunnel luminaire 22
   5.2 Installation of wiring 22

	5.3 Others ···	23
6	Acceptance check of work ··	24
	6.1 Conditions of acceptance check ·····························	24
	6.2 Contents of acceptance check ·······························	24
	6.3 Test requirements ··	25
7	Maintenance ··	27
	7.1 Requirements of maintenance ·······························	27
	7.2 Control modes ··	27

Appendix A   Bracket ·· 29
Appendix B   LCP-SH intelligent control protocal ············· 31
Appendix C   Built-in LED module ···································· 69
Explanation of wording in this standard ······························ 72
List fo quoted standards ·· 73
Explanation of provision ·· 75

1 总 则

1.0.1 为贯彻落实国家节能减排政策,推进本市智慧交通建设,在满足隧道良好照明条件、确保行车安全的前提下,降低隧道照明能耗和运营成本,制定本标准。

1.0.2 本标准适用于本市新建、改建、扩建城市道路隧道和公路隧道(以下简称为"隧道")LED照明的设计、施工、验收及养护,其他工程在技术条件相同时也可执行。

1.0.3 隧道LED照明应用除应符合本标准的规定外,尚应符合国家、行业和本市现行相关标准的规定。

2 术语、符号

2.1 术 语

2.1.1 发光二极管 light emitting diode(LED)

包含了 P-N 结的半导体组件,在用电流激发时,组件将发出光辐射。通常用"LED"表示 LED 芯片或 LED 封装。

2.1.2 灯具 luminaire

凡是能分配、透出或转变一个或多个光源发出光线的一种器具,并包括支承、固定和保护光源必需的所有部件,以及必需的电路辅助装置和将其与外电源连接的装置。

2.1.3 LED 模块 LED module

包含一个或多个装在印刷电路板上的 LED 封装件,并可能包括电子、光学、机械、热组件、接口和控制等一个或多个组件的、没有灯头的光源。LED 模块通常设计为 LED 灯或 LED 灯具的一部分,可以是内装式,也可以是独立式。

2.1.4 内装式 LED 模块 built-in LED module

安装在灯具、盒子、外壳或类似装置内部的、可替换的 LED 模块;在未采取特殊的保护措施时,它不应安装在灯具等之外。

2.1.5 独立式 LED 模块 independent LED module

能与灯具、盒子、外壳或类似装置分开安装或放置的 LED 模块;根据其分类和标志,应具有所有涉及安全的保护措施。

2.1.6 控制装置 control gear

置于外接电源和一个或多个 LED 模块之间,为 LED 模块提供额定电压或者额定电流的装置。此装置可以由一个或者多个独立的部件组成,并且可能具有调光、校正功率因数、抑制无线电干扰等控制功能,可以部分或全部集成在LED模块中。

2.1.7　LED隧道照明灯具　LED tunnel luminaire

满足隧道照明要求的组合式LED照明装置,除了LED作为光源发光外,还包括其他部件,例如光学、机械、电气和电子部件,并将这些部件组合成一个整体。

2.1.8　控制装置可互换灯具　control gear interchangeable luminaire

控制装置为独立部件,可现场拆装互换,LED模块不可现场拆装互换的LED隧道照明灯具。

2.1.9　模块可互换灯具　module & control gear interchangeable luminaire

LED模块和控制装置为独立部件,且均可现场拆装互换的LED隧道照明灯具。

2.1.10　条形LED隧道照明灯具　linear LED tunnel luminaire

长宽比不小于5∶1的LED隧道照明灯具。

2.1.11　直射型LED隧道照明灯具　direct lighting LED tunnel luminaire

指采用反射杯或透镜等光学方案,人眼可以直接观察到LED颗粒的LED隧道照明灯具。

2.1.12　间接照射型LED隧道照明灯具　indirect lighting LED tunnel luminaire

有别于一般的反射杯或透镜等光学方案,该LED隧道照明灯具中LED所发出的大部分光通过大面积反射装置反射后再出射,人眼不会直接观察到LED颗粒。

2.1.13　发光口面　luminous surface

LED隧道照明灯具上人眼所能观察到发光的部分,包括LED、光学件及透明灯罩。

2.1.14 初始光通量 initial luminous flux

LED隧道照明灯具在规定工作条件下老炼0 h时所发出的光通量。

2.1.15 额定光通量 rated luminous flux

初始光通量的额定值,该值由产品生产商或责任销售商指定,是划分LED隧道照明灯具产品规格的依据。

2.1.16 配光 light distribution

灯发出的光强的空间分布,也称为光分布。

2.1.17 初始灯具效能 initial luminous efficacy of luminaire

LED隧道照明灯具在规定工作条件下老炼0 h时发出的光通量与其输入功率之比。

2.1.18 灯具效率 luminaire efficiency

在规定工作条件下,模块可互换灯具使用其自身LED模块和设备所测得的整灯光通量与在灯具外使用相同的LED模块,在相同测量条件下使用相同的设备测得的单个模块光通量之和的比值,用百分比表示。

2.1.19 驱动效率 driver efficiency

控制装置在规定条件下,稳定工作时的输出功率与输入功率的比值,用百分比表示。

2.1.20 额定色温 rated color temperature

LED隧道照明灯具在规定工作条件下老炼0 h时相关色温额定的数值,由制造商或销售商给出。

2.1.21 性能相关温度 performance temperature (t_p)

与LED模块性能相关的温度,在给定的t_p-点处测量该温度。

2.1.22 t_p-点 t_p-point

在LED模块表面测量性能相关温度t_p的位置。

2.1.23 额定性能相关的最高温度 rated maximum performance temperature ($t_{p,max}$)

与LED模块额定性能相关的t_p-点上的最高温度。

2.1.24　光束角　beam angle

在光束轴线所在平面上,经过灯正面的中心点和发光强度为中心光束强度50%的各点的两条虚拟直线间的夹角。这个角度是一个完整的角度测量,不是一个半角的测量。

2.1.25　设计交通量　design volume of traffic

高峰小时混合车交通量,用每小时每车道的混合车辆数表示。

2.1.26　基本照明　basic lighting

为了保障隧道内车辆正常通行所需24 h常明的基础照明。

2.1.27　加强照明　intensive lighting

为了降低车辆进出隧道时所产生的"黑洞效应"、"白洞效应"所设置的洞口附加照明。

2.1.28　诱导性　guidance

沿着隧道恰当地安装LED隧道照明灯具,可以给驾驶员提供有关道路前方走向、线型、坡度等视觉信息,称其为照明设施的诱导性。

2.1.29　路面亮度总均匀度　overall uniformity of road surface luminance

路面上最小亮度与平均亮度的比值。

2.1.30　路面亮度纵向均匀度　longitudinal uniformity of road surface luminance

同一条车道中心线上最小亮度与最大亮度的比值。

2.1.31　阵列分布式　array distributed

LED器件按一定几何形式间隔排布在灯具内部。

2.1.32　眩光　glare

由于视野中的亮度分布或者亮度范围的不适宜,或存在极端的对比,以致引起不舒适感觉或降低观察目标或细部的能力的视觉现象。

2.1.33 阈值增量　threshold increment

失能眩光的度量。表示为存在眩光源时，为了达到同样看清物体的目的，在物体及其背景之间的亮度对比所需要增加的百分比。

2.1.34 LCP-SH 协议　LCP-SH protocol

隧道 LED 照明控制系统中所采用的智能控制协议。

2.2 符　号

$L_{20}(S)$——洞外距隧道洞口一个照明停车视距处的亮度；

L_{70}——当 LED 隧道照明灯具、LED 模块的光通量衰减至初始光通量的 70% 时所经历的时间；

γ——表示光强分布曲线中最大光强方向与垂直方向之间的夹角。

3 LED 隧道照明灯具

3.1 一般规定

3.1.1 LED 隧道照明灯具应符合安全可靠、技术先进、经济合理、节能环保和维修方便的要求。

3.1.2 本标准所指的 LED 隧道照明灯具包括控制装置可互换灯具和模块可互换灯具，不包括其他类型的 LED 隧道照明灯具。LED 隧道照明灯具应符合本标准第 3.2 节的规定，控制装置应符合本标准第 3.3 节的规定，LED 模块应符合本标准第 3.4 节的规定。

3.1.3 可互换的产品必须根据相对应的互换性标识进行更换，且更换后应保证原有的性能。

3.2 整 灯

3.2.1 LED 隧道照明灯具的安全要求应符合下列规定：

1 LED 隧道照明灯具应符合现行国家标准《灯具 第 2-3 部分：特殊要求 道路与街路照明灯具》GB 7000.203 的规定，灯具、独立式 LED 模块、控制装置及防水电子连接器等配件的外壳防护等级均应不低于 IP65。

2 灯具和控制装置的金属外壳应有接地端子，且有标识。

3 灯具与控制装置之间应通过可插接式防水电子连接器进行连接。电子连接器应符合现行国家标准《LED 道路/隧道照明专用模块规格和接口技术要求》GB/T 34846 的规定。

4 LED 隧道照明灯具应具有短路保护功能。

3.2.2 LED 隧道照明灯具的厚度(含支架)不应大于 200 mm,长度不宜大于 1.2 m。

3.2.3 对于直射型 LED 隧道照明灯具中的 LED 器件,应按相应灯具外形均匀对称排布于隧道照明灯具正面,且发光口面面积不应小于其所在面灯具表面积的 35%。

3.2.4 LED 隧道照明灯具的外观质量、重量和材料应符合表 3.2.4 的规定。

表 3.2.4 LED 隧道照明灯具外观质量、重量和材料的技术要求

编号	项目	技术要求
1	外观质量	表面应光滑,以防污物堆积和便于清洗,无损伤、变形、涂层剥落;透光材料应无气泡、明显划痕和裂纹等缺陷
2	重量	单灯包括支架不应大于 15 kg;当额定光通量大于等于 15 000 lm 时,不应大于 20 kg
3	外部材料①	外壳(包括控制装置)及连接件的防护层色泽应均匀、无划伤或裂痕等缺陷;外壳应采用铝合金制成
		所采用的钢构件应进行防腐处理,其性能指标符合现行国家标准《公路交通工程钢构件防腐技术条件》GB/T 18226 的规定;其他外部构件(如插销、铰链和螺钉等)应采用具有一定强度、耐腐蚀的铬镍合金材料制成;与外界接触的金属部件应满足 WF2 类防腐要求
		光学件应无损伤;灯具面罩应采用钢化玻璃进行防护,且面罩外表面应平整光滑
		所有外部电线及接插件均应满足其他现行相关标准的规定

注:① 采用阻燃材料,且耐废气、盐、烟雾、混凝土和隧道内大气中含有的其他化学物质的腐蚀。

3.2.5 LED 隧道照明灯具应采用支架固定安装,支架应按本标准附录 A 的规定执行。

3.2.6 LED 隧道照明灯具的光学性能应符合表 3.2.6 的规定。

表 3.2.6 LED 隧道照明灯具光学性能的技术要求

编号	项目	技术要求			
1	额定光通量	1 500 lm/3 000 lm/4 500 lm/6 000 lm/7 500 lm/9 000 lm/12 000 lm/15 000 lm/18 000 lm/21 000 lm/24 000 lm/27 000 lm/30 000 lm			
2	初始光通量	实测值不应低于额定光通量的 90%,且不应大于额定光通量的 120%			
3	初始灯具效能	实测值不应低于现行国家标准《道路和隧道照明用 LED 灯具能效限定值及能效等级》GB 37478 中规定的 2 级能效			
4	灯具效率	采用内装式 LED 模块的 LED 隧道照明灯具,间接照射型的灯具效率不应低于 70%,直射型的灯具效率不应低于 75%,宜大于 85%			
4	配光①	纵向\横向	超短投射 γ<45°	短投射 45°≤γ<66°	中投射 66°≤γ<75°
		Ⅰ类	1VS②	1S③	1M④
		Ⅱ类	2VS	2S	2M
		Ⅲ类	3VS	3S	3M
		Ⅳ类	4VS	4S	4M
5	额定相关色温	2 700 K/3 000 K/3 500 K/4 000 K/4 500K/5 000 K			

注:① 中心光强不宜低,路面光斑分界线应渐变以减少斑马效应,同时考虑防眩光要求。
② 配光类型代号,前面数字代表横向投射范围类型,后面符号代表纵向投射范围类型属超短投射。
③ 配光类型代号,前面数字代表横向投射范围类型,后面符号代表纵向投射范围类型属短投射。
④ 配光类型代号,前面数字代表横向投射范围类型,后面符号代表纵向投射范围类型属中投射。

3.2.7 LED 隧道照明灯具的电学性能应符合下列规定:

1 在额定电压±20%范围内应正常工作。

2 在额定工作条件下实测功率偏差不应超过额定功率的±10%。

3 谐波电流应符合现行国家标准《电磁兼容 限值 谐波

电流发射限值(设备每相输入电流≤16 A)》GB 17625.1 中 C 类设备的规定,骚扰电压应符合现行国家标准《电气照明和类似设备的无线电骚扰特性的限值和测量方法》GB/T 17743 的规定,浪涌抗扰度应符合现行国家标准《一般照明设备电磁兼容抗扰度要求》GB/T 18595 的规定。

3.2.8 LED 隧道照明灯具的可靠性应符合表 3.2.8 的规定。

表 3.2.8 LED 隧道照明灯具可靠性的技术要求

编号	项目	技术要求
1	LED 器件寿命	所采用 LED 器件的使用寿命不应低于 50 000 h
2	LED 模块寿命	LED 模块的 L_{70} 不应低于 50 000 h
3	控制装置寿命	控制装置在 50 000 h 使用寿命期间内失效率不应超过 5%
4	工作环境条件	在温度-10℃~+45℃、湿度≤98%环境条件下应能正常工作
5	特殊环境条件	LED 隧道照明灯具应在 3.0g 振动加速度和基本共振频率下,经受三维 100 000 次的振动试验,同时应满足实际使用地的环境温度、湿度和腐蚀性等其他特殊要求
6	t_p	在实际隧道最高环境温度下测得的 t_p,不应超过与产品标称寿命所对应的 $t_{p,max}$

3.2.9 LED 隧道照明灯具的其他性能要求应符合现行国家标准《隧道照明用 LED 灯具性能要求》GB/T 32481 的规定。

3.3 控制装置

3.3.1 LED 隧道照明灯具的控制装置应符合表 3.3.1 的规定。

表 3.3.1 LED 隧道照明灯具控制装置的技术要求

编号	项目	技术要求
1	输入	交流 220 V、50 Hz,单相二线制输入(带接地线)
2	输出	恒流输出,宜采用 350 mA/530 mA/700 mA/1 050 mA,容差±10%;宜具备恒功率输出功能

续表3.3.1

编号	项目	技术要求
3	最大输出功率	10 W/20 W/30 W/40 W/50 W/60 W/80 W/100 W/120 W/140 W/160 W/180 W/200 W
4	输出路数	单路/2 路
5	输出电压	单路最大输出电压不宜过高,且应考虑灯具及 LED 模块的绝缘性能与操作安全
6	安全要求	现行国家标准《灯的控制装置 第 14 部分:LED 模块用直流或交流电子控制装置的特殊要求》GB 19510.14
7	性能要求	现行国家标准《LED 模块用直流或交流电子控制装置性能要求》GB/T 24825
8	外壳防护	独立安装在灯具外面的控制装置应不低于 IP65
9	功率因数	25 W 及以上,不应低于 0.95 25 W 以下,不应低于 0.90
10	驱动效率	25 W 及以上,不应低于 85% 25 W 以下,不应低于 80.5%
11	重量	≤2 kg

3.3.2 LED 隧道照明灯具的控制装置上应预留智能控制接口,采用下列三种智能控制方式:

　　1 宜采用 LCP-SH 协议的智能控制方式,具体按本标准附录 B 的规定执行。

　　2 可采用 PWM 硬件控制方式,按表 3.3.2 的规定执行。

表 3.3.2 **PWM 硬件控制方式的技术要求**

编号	项目	技术要求
1	频率	200 Hz
2	高电平定义	12 V,2.4 V～12 V 均能响应,代表关灯
3	低电平定义	0 V,0 V～0.5 V 均能响应,代表开灯
4	吸收电流	≤1 mA
5	开路	开路时 100%光输出
6	调光范围	30%～100%

3 可采用 DC 0～10 V 模拟控制方式,具体按现行国家标准《管形荧光灯用交流电子镇流器性能要求》GB/T 15144 的规定执行。

3.4 模块可互换灯具中的 LED 模块

3.4.1 模块可互换灯具中的 LED 模块分为内装式 LED 模块和独立式 LED 模块,其安全要求及性能指标应分别符合现行国家标准《普通照明用 LED 模块安全要求》GB 24819 和《普通照明用 LED 模块性能要求》GB/T 24823 的规定。

3.4.2 内装式 LED 模块分为 A 类和 B 类,A 类适用于直射型 LED 隧道照明灯具,B 类适用于间接照射型 LED 隧道照明灯具,且均应符合表 3.4.2 的规定。

表 3.4.2 内装式 LED 模块的技术要求

编号	项目	技术要求	
1	结构尺寸	应按本标准附录 C 的规定执行,未注公差、弯曲度、扭拧度和外观质量应按现行国家标准《铝及铝合金挤压型材尺寸偏差》GB/T 14846 中的高精度要求执行	
2	单个 LED 模块光通量[①]	A 类:1 000 lm/1 500 lm/2 000 lm B 类:1 000 lm/2 000 lm/3 000 lm	
3	配光	所采用的 LED 器件的光束角应在 120°至 150°之间	
4	额定相关色温	2 700 K/3 000 K/3 500 K/4 000 K/4 500 K/5 000 K	
5	工作电压	单个或多个 LED 模块串联后的负载电压不应大于控制装置的单路最大输出电压	
	接插件性能指标	通过电流≥5 A	
		介电强度 1 750 Vac, 1 min;漏电电流≤10 mA	
		绝缘阻抗 500 V, 50 MΩ	
		防火等级 94—V1	
		冲击强度 10 kJ/m²	
		热变形温度≥100 ℃	

注:① 表中规定的单个 LED 模块光通量是基于控制装置为 350 mA 恒流输出,当采用其他恒流输出等级时,可作相应换算。

3.4.3 独立式LED模块及其电子连接器应符合现行国家标准《LED道路/隧道照明专用模块规格和接口技术要求》GB/T 34846的规定,其额定相关色温应为2 700 K/3 000 K/3 500 K/4 000 K/4 500 K/5 000 K。

4 隧道 LED 照明设计

4.1 一般规定

4.1.1 隧道 LED 照明设计应综合考虑应用工程的环境条件、工程技术指标、交通状况、通风条件、供电条件、运营管理和全寿命周期经济性等因素。

4.1.2 隧道 LED 照明主要包括：
   1 中间段照明。
   2 入口段照明。
   3 过渡段照明。
   4 出口段照明。
   5 洞外引道照明。

4.2 照明质量

4.2.1 路面亮度总均匀度不应低于表 4.2.1 的规定。

表 4.2.1 路面亮度总均匀度 U_0

单向设计交通量 $N[\text{veh}/(\text{h}\cdot\text{ln})]$[①]	U_0[②]
≥1 200	0.5
≤350	0.4

注：① veh/(h·ln)表示每小时每车道的混合车辆数。
② 当交通量在其中间值时,按线性内插取值。

4.2.2 路面车道中线亮度纵向均匀度不应低于表 4.2.2 的规定。

表 4.2.2 亮度纵向均匀度 U_l

单向设计交通量 N[veh/(h·ln)]	U_l[①]
≥1 200	0.8～0.9
≤350	0.7

注：① 当交通量在其中间值时,按线性内插取值。

4.2.3 隧道照明的眩光采用失能眩光限制阈值增量 $TI(\%)$ 评价,中间段照明眩光限制阈值增量 $TI(\%)$ 最大初始值不应大于 10。

4.2.4 基本照明用 LED 隧道照明灯具的额定相关色温宜采用 4 000 K～5 000 K,加强照明用 LED 隧道照明灯具的额定相关色温宜采用 3 000 K～4 000 K。

4.2.5 当隧道内按设计速度行车时间超过 20 s 时,照明灯具布置间距应满足闪烁频率低于 2.5 Hz 或高于 15 Hz;当条件受限时,闪烁频率应低于 4 Hz 或高于 11 Hz。

4.3 照明标准

4.3.1 中间段照明亮度标准(L_{in})应按表 4.3.1 取值。

表 4.3.1 中间段照明亮度 L_{in}(cd/m²)

设计车速(km/h)	L_{in}(cd/m²)[①]	
	单向交通	
	N≥1 200 veh/(h·ln)	N≤350 veh/(h·ln)
100	9.0	4.0
80	4.5	2.0
60	2.5	1.5
40	1.5	1.5

注：① 当交通量在其中间值时,按线性内插取值。

4.3.2 入口段照明、过渡段照明、出口段照明及洞外引道照明亮度标准，可按照现行上海市工程建设规范《道路隧道设计标准》DG/TJ 08—2033 中相关内容执行。

4.3.3 隧道两侧墙面以路面为基准 2 m 高范围内的平均亮度，不宜低于路面平均亮度的 60%，且亮度总均匀度不宜低于 0.4。

4.3.4 隧道照明的养护系数宜取 0.65~0.7。

4.4 调 光

4.4.1 隧道中间段照明可根据运营时间、交通量调整亮度。

4.4.2 隧道入口段照明、过渡段照明和出口段照明可根据天气情况调整亮度，宜按表 4.4.2 取值。

表 4.4.2 白天调光亮度标准

分级	亮度	分级	亮度
Ⅰ	晴天	$L_{20}(S)$①	Ⅲ	阴天	$0.25L_{20}(S)$
Ⅱ	云天	$0.5L_{20}(S)$	Ⅳ	重阴	$0.13L_{20}(S)$

注：① 洞外亮度 $L_{20}(S)(cd/m^2)$ 取值参考现行上海市工程建设规范《道路隧道设计标准》DG/TJ 08—2033。

4.5 光源、灯具及附属装置选择

4.5.1 光源的选择应符合下列规定：

1 基本照明 LED 光源应采用阵列分布式，加强照明 LED 光源宜采用阵列分布式。

2 加强照明可选用 LED 或其他光源，但均需满足隧道光过渡的要求。

3 LED 隧道照明灯具宜选用内装式 LED 模块。

4.5.2 灯具及其附属装置的选择应符合下列规定：

1 基本照明宜采用条形 LED 隧道照明灯具。

2 灯具结构宜便于更换 LED 模块、控制装置及相关附件。

4.6 照明方式和设计要求

4.6.1 照明方式应符合下列规定：

1 两车道隧道中间段照明灯具宜在隧道顶部两侧交错布置或两侧对称布置；在便于封交检修的前提下，灯具可在隧道顶部单排居中偏侧布置，偏侧距离可根据实际工程情况确定。

2 三车道盾构法隧道中间段照明灯具宜在隧道顶部两侧交错布置或两侧对称布置。

3 三车道沉管法或明挖法隧道中间段照明灯具宜在隧道两侧车道中心线上方交错布置或对称布置。

4 四车道沉管法或明挖法隧道中间段照明灯具宜在隧道顶部距墙一个车道宽的位置上交错布置或对称布置。

4.6.2 隧道曲线段照明设计应符合下列要求：

1 应为驾驶员提供良好的视觉诱导性。

2 隧道平曲线半径不小于 1 000 m 的曲线段，照明灯具可按直线段布置。

3 隧道平曲线半径小于 1 000 m 的曲线段，采用双侧布灯方式时，宜采用对称布置，并可适当加密。

4 隧道内分岔口、交叉口等交通复杂段的照明应适当加强，并应为驾驶员提供良好的诱导性。

4.7 照明供电

4.7.1 正常运行情况下，LED 隧道照明灯具的端电压应维持在额定电压 90%～105% 范围内。

4.7.2 隧道基本照明应由双重电源的两个低压回路交叉供电。

4.7.3 照明配电宜采用放射式和树干式相结合的供电方式。

4.7.4 照明配电系统宜采用 220 V/380 V 三相四线制供电,灯具应按 L1、L2、L3 的相序沿线排列接入电源,使三相负荷平衡。

4.7.5 照明配电系统的接地形式宜采用 TN-S 系统,灯具金属外壳、配电及控制箱屏等外露可导电部分,应进行保护接地,并应符合国家现行相关标准的要求。

4.7.6 照明配电系统供电电缆中性导体应与相导体采用相同材料和相等截面积。

4.8 照明控制

4.8.1 隧道LED照明控制应符合下列规定:

1 采用调光控制系统,系统主要包括控制设备、控制接口及软件要求等。

2 从安全、技术、经济等方面的要求,进行方案论证,选择最佳方案。

4.8.2 隧道LED调光控制系统应具有下列功能:

1 能够以自动、遥控和手动的方式执行命令。

2 能够根据时间、亮度设定的多种模式进行调试和控制,内置时控和光控模式参数配置可由具有操作权限的操作员重新设置。

3 能够灵活地以数据、图形等方式显示隧道内LED照明系统的运行情况、控制模式等。

4 能够自动地完成数据备份、文档存储(含操作数据及故障数据)。

5 能够方便地进行查询、统计和形成报表,同时设置权限管理。

6 LED隧道照明灯具与调光控制系统失去通信时,应自动调到100%光输出,保证故障时照明。

7 LED调光控制系统如发生故障,故障区域内的LED隧道照明灯具应100%光输出。

8 具有记忆功能和故障信息保存功能,当电源断电恢复时应能自动进入断电前的设置,同时保证系统断电后再启动时间不超过 0.1 s。

9 电磁兼容和谐波应满足相关标准的规定,不应影响隧道内监控设备的正常工作,也不应对供电电网造成污染。

10 与 LED 隧道照明灯具之间的通信宜采用独立通信。

11 LED 调光控制系统的时钟应与监控系统的标准时间同步。

12 设备故障时,应在控制界面上跳出画面报警。

13 具有自动巡检功能,巡检实时状态信息包含:各套 LED 隧道照明灯具或群组灯具的亮度等级,LED 隧道照明灯具和控制装置的故障信息等。

14 总线物理层宜采用 RS 485 接口,半双工通信,波特率不低于 9 600 bps,单回路传输距离不宜小于 1 000 m。

15 支持广播、组播、点播等多通信方式。

16 支持在线更新,方便升级。

4.8.3 控制方式及接口协议应符合下列规定:

1 控制方式宜采用 LCP-SH 协议,可采用 PWM 硬件控制和 DC 0~10 V 模拟控制。

2 调光宜采用多级控制方式,出入口段加强照明宜设置 10 级以上控制,中间段照明宜设置 8 级以上控制,同时出入口段加强照明应有 0%(断电)档位。

3 选用合理的调光方式,调光过程中,LED 隧道照明灯具的色温不应发生变化,调光级数与相应 LED 隧道照明灯具的功率宜呈线性正比;调光时,LED 隧道照明灯具的亮度应缓慢过渡。

4 LED 调光控制系统与监控系统的接口应采用标准的工业总线通信协议。

4.8.4 控制设备应符合下列规定:

1 能适应隧道恶劣的运行环境,具有防潮、抗腐蚀等功能。

  2 能承受电源额定电压±20%的波动。
  3 控制总线线缆采用无卤低烟绝缘护套,并具有通信屏蔽功能。
  4 能在现场对LED隧道照明灯具进行软件升级或者参数设定。

4.8.5 软件要求应符合下列规定:
  1 具有调光控制、状态监测(自动巡检)和报警功能。
  2 具备数据的集中存储和管理。
  3 具有较好的可扩展性,可进行软件升级。
  4 软件为中文界面,易于掌握且操作方便。

4.9 节 能

4.9.1 隧道照明应以路面照明功率密度(LPD)作为照明节能的评价指标。

4.9.2 隧道路面照明功率密度值不应大于表4.9.2的规定;当路面的亮度值高于本表规定的对应亮度值时,其照明功率密度值可按比例提高。

表 4.9.2 隧道路面照明功率密度值(LPD)

设计车速(km/h)	车道数	照明功率密度值 (W/m²)	对应的亮度值 (cd/m²)
100	两车道	4.20	9.0
	三车道	4.00	
	四车道	3.80	
80	两车道	2.30	4.5
	三车道	2.20	
	四车道	2.10	
60	两车道	1.40	2.5
	三车道	1.35	
	四车道	1.30	

续表4.9.2

设计车速(km/h)	车道数	照明功率密度值（W/m²）	对应的亮度值（cd/m²）
40	两车道	0.85	1.5
	三车道	0.80	
	四车道	0.75	

注：1. 本表仅适用于中间段LED照明。
　　2. 本表所得的LPD值是在灯具安装高度为5.5 m前提下求得，不同安装高度下的LPD值应进行相应的换算。
　　3. 本表所得的LPD值对应的是沥青路面，若为其他路面材料，应根据路面材料系数进行相应的换算。

4.9.3 隧道节能照明可采取下列措施：

1 设计阶段应合理选择隧道照明设计参数，并进行多方案比选和综合技术经济分析论证，确定经济合理、运营节能的照明方案。

2 入口段、过渡段与出口段照明应根据洞外亮度变化设置4种以上不同亮度的工作模式，宜能自动调光。

3 中间段照明可根据运营时间、交通量等条件进行调光控制。

5 工程施工

5.1 LED 隧道照明灯具安装

5.1.1 LED 隧道照明灯具支架宜采用金属或化学锚栓等具有可靠连接强度、抗振能力的方式进行固定,灯具应采用螺栓与支架连接,且连接件应采用具有可靠强度、耐腐蚀的铬镍合金材料制成。

5.1.2 灯具固定应符合下列规定:

　　1 灯具固定应牢固可靠,每套灯具固定用螺栓不应少于4个。

　　2 重量大于 10 kg 的灯具,固定装置及悬吊装置应按灯具重量的 5 倍恒定均布载荷做强度试验,且持续时间不得小于 15 min。

5.1.3 灯具及支架应排列整齐、横平竖直,视觉上应做到线条流畅,同时灯具宜保持同一安装高度。

5.1.4 每套 LED 隧道照明灯具应设置一个铝合金接线盒进行接线,接线盒的防护等级应不低于 IP65,且接线后应达到密闭、防腐要求。

5.1.5 灯具和控制装置的不带电外露可导电部分必须与保护接地线(PE)可靠连接。

5.2 管线安装

5.2.1 照明线缆的金属保护导管应采用管壁厚度不小于 2.0 mm 的热浸镀锌钢管。

5.2.2 所有照明回路均应按回路穿管,不同回路不应共管敷设。各回路 N、PE 线均宜从配电箱内引出。

5.2.3 灯具配管宜安装于灯具附近,管线在顶部沿隧道纵向安装,横平竖直,线路清晰。

5.2.4 进入接线盒内的导线应留有余量,且连接可靠,不伤芯线,同时应做好绝缘处理,确保导线连接可靠及与金属外壳绝缘良好。

5.2.5 管线经过结构变形缝时均应设置补偿装置。

5.2.6 明配管应排列整齐,固定牢固,保护导管进入接线盒内长度应小于 5 mm。

5.2.7 保护导管管体不应有孔洞、裂缝和明显凹凸。管内壁应光滑、无毛刺。

5.3 其 他

5.3.1 安装于结构墙内的隧道照明箱进出管线宜下进下出。

5.3.2 隧道照明箱进线电缆敷设完毕后,其进线孔应用绝缘密封胶泥封堵。

6 工程验收

6.1 验收条件

6.1.1 隧道LED照明工程施工验收应同时满足下列条件:
1 完成隧道LED照明工程施工安装、软件编制、设备测试及系统调试工作。
2 完成对隧道LED照明工程的自检和抽检。
3 自检、抽检中出现的问题已解决。
4 试运行期间,系统性能满足合同相关要求。
5 竣工资料齐备完整,满足合同规定的要求。
6 符合政府或有关管理机构规定的其他竣工条件。

6.1.2 隧道LED照明工程施工验收应根据国家、行业、地方标准及合同双方约定的验收要求与指标,以竣工图为依据,以技术指标为功能评判的标准,开展验收工作。

6.2 验收内容

6.2.1 LED隧道照明灯具产品验收应符合下列规定:
1 LED隧道照明灯具厂家应提供国家有关部门认证认可的独立第三方检测机构出具的型式试验报告和认证证书,检测项目应至少包括:LED隧道照明灯具材料、安全、光学、电学、热学、可靠性以及谐波电流、骚扰电压、浪涌抗扰度等要求。
2 应对不同类型的LED隧道照明灯具进行抽检,抽检比例不小于3%,检测应由国家有关部门认证认可的独立第三方检测机构完成。

6.2.2 工程文件、测试记录文件及外观验收等应符合现行国家和地方有关标准和规范的规定。

6.2.3 照明质量验收应符合下列规定:

 1 隧道中间段照明、入口段照明、过渡段照明及出口段照明的地面及墙面亮度或照度值(含均匀度)的测试结果应符合本标准第4.3节的规定,测试时宜选取直线段或近似直线段。

 2 测试方法应按照现行国家标准《照明测量方法》GB/T 5700执行。

6.2.4 控制系统验收应符合下列规定:

 1 隧道LED照明控制系统接收终端亮度检测器或中央控制室传来的信息后,应及时执行控制方案。

 2 满足施工设计图纸规定的其他要求。

6.2.5 LED隧道照明灯具及其附属装置安装验收应符合下列规定:

 1 LED隧道照明灯具配管安装于灯具附近,管线在顶部沿隧道纵向安装,横平竖直,线路清晰。

 2 LED隧道照明灯具及安装支架排列整齐、固定可靠,视觉上做到线条流畅。

 3 LED隧道照明灯具的安装高度、调整角度、装灯方向均保持一致,灯的轮廓线形与隧道协调、美观。

 4 LED隧道照明灯具安装位置、调整角度和安装间距均满足设计要求。

 5 穿线管壁及接线盒内壁光滑,不致磨损导线绝缘。

6.3 测试要求

6.3.1 隧道LED照明工程验收工作的主控项目主要包括隧道路

面亮(照)度值、亮(照)度总均匀度、纵向亮度均匀度等。

6.3.2 主控项目的测试要求应按表 6.3.2 的规定执行。

表 6.3.2 主控项目的测试要求

序号	条件项	具体规定
1	隧道照明灯具运行时间	隧道照明灯具现场安装点亮后进行测试
2	隧道照明灯具测试时间	夜间,开始测试时间以洞外自然光不直接照进隧道出入口为宜
3	测试前准备工作	测试前一周清洗隧道灯具,测试期间灯具处于洁净状态

7 工程养护

7.1 养护要求

7.1.1 应制订严格的维护计划,定期对灯具等照明设施进行检查、维护和清洁。

7.1.2 应定期按年度对隧道路面进行定点亮(照)度测试,并详细记录照明设备的运行情况,且对于长度大于1 000 m的隧道按年度不宜少于2次执行。当LED隧道照明灯具100%光输出时,隧道内路面亮(照)度值低于设计标准值或整灯光通量衰减至初始值的70%时,应及时更换灯具。

7.1.3 应根据调光等级定期按季度对LED隧道照明灯具调光系统进行检测,并有定点连续记录。当LED隧道照明灯具调光无效,或者基本照明调光等级与实际照度调节等级差别超过20%时,应及时进行检查与维修。

7.1.4 应每日对隧道照明进行一次亮灯记录巡视检查,隧道照明亮灯率不应低于99%,当出现相邻或相对的两套及以上灯故障情况,应及时布置检修工作。

7.1.5 应建立LED隧道照明灯具维修档案和可追溯的调光记录。

7.1.6 现场更换LED模块时,应注意防静电、防尘、防水等要求。

7.2 控制模式

7.2.1 隧道中间段照明可根据运营时间、交通量等条件进行调光,隧道入口段、过渡段和出口段照明则可根据洞外亮度值进行调光。

7.2.2 设置隧道LED调光控制系统的隧道中间段照明可按下列方式进行调光：

  1 在隧道运营初期,LED隧道照明灯具初始工作时,可通过调光控制系统对LED隧道照明灯具进行调光,调光幅度即设计时考虑维护系数所留的余量。

  2 在隧道运营中后期,随着LED隧道照明灯具本身的光衰及环境污染等因素,地面亮度值会不断降低,养护单位可根据现场实测数据调整调光幅度。

  3 在半夜交通量较小时,可根据交通量运行情况进行亮度调整。

7.2.3 隧道入口段、过渡段和出口段照明宜采用自动调光方式。

附录 A 支 架

A.0.1 LED隧道照明灯具的支架包括安装板、安装板基座和灯具支架,安装板应按图 A.0.1 的规定执行。

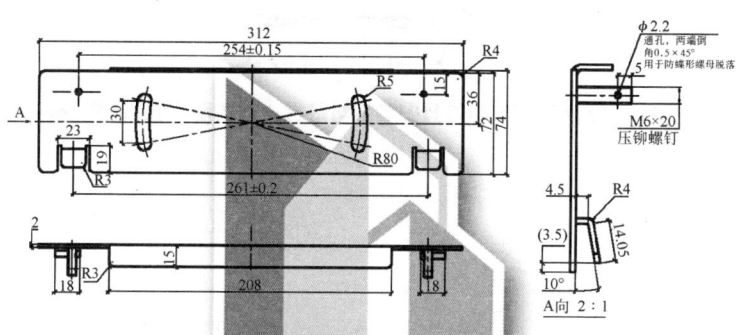

图 A.0.1 LED 隧道照明灯具安装板(单位:mm)

A.0.2 安装板的基座应按图 A.0.2 的规定执行。

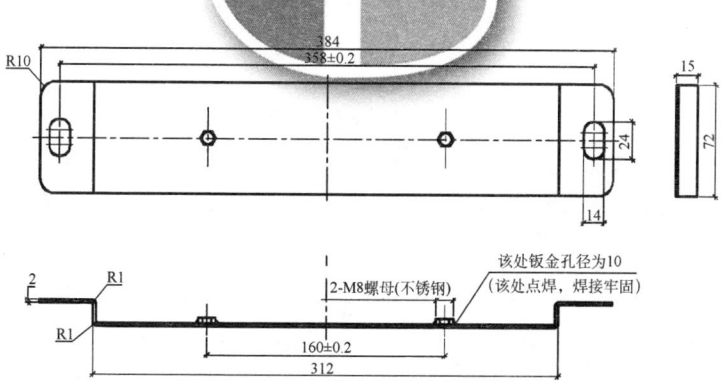

图 A.0.2 LED 隧道照明灯具安装板的基座(单位:mm)

A.0.3 安装板与灯具支架的配合孔应按图 A.0.3 的规定执行,灯具支架可自行设计。

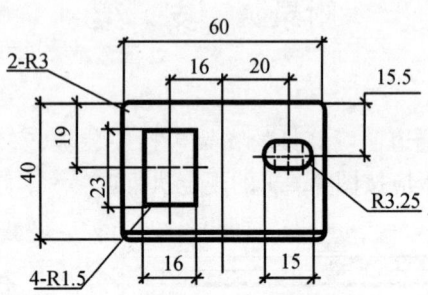

图 A.0.3 LED 隧道照明灯具安装板与灯具支架的配合孔(单位:mm)

附录 B LCP-SH 智能控制协议

B.0.1　概述

本协议定义了隧道 LED 照明控制系统中终端可实现的各项功能,以及数据交互的行为规范。本协议支持指令的广播、组播、单播模式,设备具有唯一的地址,并且支持在线更新功能。本协议为应用层协议,不限制链路的传输介质,可以在隧道 LED 照明控制系统中广泛使用。

B.0.2　目的

为规范与统一本市新建或改建隧道的隧道 LED 照明控制系统中集中器与终端的应用层协议,特制定本协议。

B.0.3　引用协议

数字可寻址灯光控制接口协议。

B.0.4　术语

集中器:对终端设备进行集中管理和控制的设备。

终端:功能设备,如单灯控制器、各种传感器等设备。

帧:传送信息的基本单元,具有特定的格式。

命令码:设备操作指令,以实现相应功能。

位:二进制信息中的最小单元,由 0 和 1 组成。

字节:包含 8 个位信息的结构。

波特率:传送速率,用以表示每秒传输多少位的数据。

点播:对某一终端进行控制,受控终端响应动作并回复控制结果。

组播:对具有相同组编号的终端同时进行控制,受控终端响应动作,但不回复控制结果。

广播:对所有单灯终端同时进行控制,受控终端响应动作,但不回复控制结果。

场景:单灯终端中预先存储多个场景号,每个场景号能够对应各自的亮度值,在场景调光应用中,进入指定场景,单灯终端就会调节亮度至场景号对应的值;场景值可以通过相应指令做设置。

心跳包:用以维系集中器和终端之间链接的特殊帧。

产品型号:用以标示产品类型唯一性的标示符。

B.0.5 应用层

1 LCP-SH 协议在 RS485 和 PLC 及无线应用的软件架构。

表 B.0.5-1 LCP-SH 协议在 RS485 上的层图表

LCP-SH 协议(应用层)
物理/数据链路层

表 B.0.5-2 LCP-SH 协议在 PLC 和无线上的层图表

LCP-SH 协议(应用层)
网络层
物理/数据链路层

2 帧格式

帧主要由三部分组成:帧头、帧数据和帧尾,每帧由帧起始符、地址域、控制码、参数数据、校验码及帧结束符等 6 个部分组成,具体格式如下。

1) 集中器到终端帧格式

表 B.0.5-3 集中器到终端帧格式

帧头		帧数据				帧尾	
帧起始符	地址域	控制码		参数数据		校验码	帧结束符
		C		PD			
H	ID	控制方式	功能码	命令长度	命令	CRC16	T
		M (2bit)	F (6bit)	L	Data		
1 byte	4 byte	1 byte		1 byte	0—255 byte	2 byte	1 byte

注:1. 帧起始符用 H 表示,标识一帧数据的开始,其值为 9 AH。

2. 地址域用 ID 表示,是固定长度为 4 个字节的设备标识或者组标识,具有唯一性;当使用的地址码长度不足 4 字节时,用 00H 补足 4 字节,高地址位在先,低地址位在后。
3. 控制码用 C 表示,对终端设备控制的指令。它包含控制方式(M)和功能码(F),控制方式主要是控制命令是组播还是单播,功能码是要求终端设备执行的具体控制指令,具体的指令见表 B.0.5-6 功能码表。
4. 命令长度用 L 表示,对终端设备控制的命令参数的长度。
5. 命令用 Data 表示,对终端设备控制的命令参数,由多个字节组成的命令采用大端模式,即高位在前,低位在后。
6. 校验码用 CS 表示,采用美标 CRC16 校验,校验是从 H 到 PD 的所有数据,高位在前,低位在后。
7. 帧结束符用 T 表示,标识一帧信息的结束,其值为 A9H。
8. 配置命令为一大类的指令,命令码 1EH,有各自的小的子命令码。
9. 查询命令为一大类的指令,命令码 1FH,有各自的小的子命令码。

2) 终端到集中器帧格式

表 B.0.5-4 终端到集中器帧格式

帧头		帧数据					帧尾	
帧起始符	地址域	控制码		参数数据			校验码	帧结束符
		C			PD			
H	ID	控制方式	功能码	应答码	数据长度	数据	CRC16	T
		M(2bit)	F(6bit)	R	L	DT		
1 byte	4 byte	1 byte		1 byte	1 byte	0—255 byte	2 byte	1 byte

注:1. 帧起始符 H 表示,标识一帧数据的开始,其值为 95H。
2. 地址域用 ID 表示,是固定长度为 4 个字节的设备标识或者组标识,具有唯一性;当使用的地址码长度不足 4 字节时,用 00H 补足 4 字节。高地址位在先,低地址位在后。0x00000000 和 0xFFFFFFFF 的地址不可用。
3. 控制码用 C 表示,对终端设备控制的指令。它包含控制方式(M)和功能码(F),控制方式主要是控制命令是组播还是单播,功能码是要求终端设备执行的具体控制指令,具体的指令见表 B.0.5-6 功能码表。
4. 应答码用 R 表示,对集中器命令的回复:
1) 00H:控制成功;
2) 01H:CRC 校验错误;
3) 02H:无此指令;
4) 03H:不在正常工作模式下(处于 boot 模式下);
5) 04H:设备类型错误;
6) 05H:正常收到指令;
7) 06H:参数输入错误。

5. 数据长度用 L 表示,表示的是 DT 的长度。
6. 数据用 DT 表示,对集中器命令回复的数据,由多个字节组成的数据采用大端模式,即高位在前,低位在后。
7. 校验码用 CS 表示,采用 CRC16 校验,校验是从 H 到 PD 的所有数据,高位在前,低位在后。
8. 帧结束符用 T 表示,标识一帧信息的结束,其值为 59H。
9. 终端只针对单播做出响应。

3 控制码

1) 控制码字节格式

表 B.0.5-5 控制码字节格式

控制方式		功能码					
D7	D6	D5	D4	D3	D2	D1	D0

注:1. 控制方式:00—点播,01—组播。
2. 功能码:见表 B.0.5-6。
3. 当终端收到 ID 号为 0xFFFFFFFF 代表此帧为广播帧。在 ID 号非 0xFFFFFFFF 时,如果控制码的 D7D6 为 01 则代表此帧为组播帧(组号为 ID 号);如果控制码 D7D6 为 00 则代表此帧为单播帧(单灯地址为 ID 号)。

2) 功能码表

表 B.0.5-6 功能码表

序号	功能码(采用二进制表示)	功能	传输方向	备注
1	001010b	进入在线升级模式	集中器→终端	—
		终端操作结果返回	终端→集中器	
2	001011b	RESET 重启单灯终端	集中器→终端	—
		终端操作结果返回	终端→集中器	
3	001100b	初始化单灯终端	集中器→终端	—
		终端操作结果返回	终端→集中器	
4	010000b	调光	集中器→终端	—
		终端操作结果返回	终端→集中器	
5	010010b	心跳包	集中器→终端	该指令不需要回复

续表 B.0.5-6

序号	功能码(采用二进制表示)	功能	传输方向	备注
6	010011b	设置调光时间	集中器→终端	—
		终端操作结果返回	终端→集中器	
7	010101b	设置组号	集中器→终端	—
		终端操作结果返回	终端→集中器	
8	010110b	将当前LED从组中删除	集中器→终端	—
		终端操作结果返回	终端→集中器	
9	010111b	设置某场景亮度	集中器→终端	—
		终端操作结果返回	终端→集中器	
10	011000b	将某场景的值移除	集中器→终端	—
		终端操作结果返回	终端→集中器	
11	011010b	进入某种场景	集中器→终端	—
		终端操作结果返回	终端→集中器	
12	101101b	升级文件下载	集中器→终端	—
		终端操作结果返回	终端→集中器	
13	101010b	查询所有	集中器→终端	—
		终端操作结果返回	终端→集中器	
14	100000b	恢复出厂设置	集中器→终端	—
		终端操作结果返回	终端→集中器	
15	011110b	参数设置类指令	集中器→终端	—
		终端操作结果返回	终端→集中器	
16	011111b	状态查询类指令	集中器→终端	—
		终端操作结果返回	终端→集中器	

3) 设置类子命令码表

表 B.0.5-7 设置类子命令码表

序号	设置类子命令码	功能	传输方向	备注
1	1DH	清零总工作时间	集中器→终端	—
		终端操作结果返回	终端→集中器	
2	1EH	清零总用电量	集中器→终端	—
		终端操作结果返回	终端→集中器	
3	38H	设置调光系数	集中器→终端	—
		终端操作结果返回	终端→集中器	
4	39H	设置上电亮度值	集中器→终端	—
		终端操作结果返回	终端→集中器	
5	3AH	设置调光上下限	集中器→终端	—
		终端操作结果返回	终端→集中器	
6	3FH	设置时控计划	集中器→终端	—
		终端操作结果返回	终端→集中器	
7	20H	删除时控计划	集中器→终端	—
		终端操作结果返回	终端→集中器	
8	21H	开关过温保护功能	集中器→终端	—
		终端操作结果返回	终端→集中器	
9	22H	设置过温保护参数	集中器→终端	—
		终端操作结果返回	终端→集中器	

4) 状态查询类子命令码表

表 B.0.5-8 查询类子命令码表

序号	查询类子命令码	功能	传输方向	备注
1	子命令码 20H	查询电压	集中器→终端	—
		终端操作结果返回	终端→集中器	

续表 B.0.5-8

序号	查询类 子命令码	功能	传输方向	备注
2	子命令码 21H	查询电流	集中器→终端	—
		终端操作结果返回	终端→集中器	
3	子命令码 22H	查询有功功率	集中器→终端	—
		终端操作结果返回	终端→集中器	
4	子命令码 23H	查询直接调光值	集中器→终端	—
		终端操作结果返回	终端→集中器	
5	子命令码 25H	查询调光时间	集中器→终端	—
		终端操作结果返回	终端→集中器	
6	子命令码 26H	查询组号	集中器→终端	—
		终端操作结果返回	终端→集中器	
7	子命令码 27H	查询某场景的调光值	集中器→终端	—
		终端操作结果返回	终端→集中器	
8	子命令码 28H	查询终端状态	集中器→终端	—
		终端操作结果返回	终端→集中器	
9	子命令码 29H	查询固件版本	集中器→终端	—
		终端操作结果返回	终端→集中器	
10	子命令码 34H	查询生产商信息	集中器→终端	—
		终端操作结果返回	终端→集中器	
11	子命令码 35H	查询产品型号信息	集中器→终端	—
		终端操作结果返回	终端→集中器	
12	子命令码 36H	查询硬件版本信息	集中器→终端	—
		终端操作结果返回	终端→集中器	
13	子命令码 3BH	查询光强值	集中器→终端	—
		终端操作结果返回	终端→集中器	
14	子命令码 3CH	查询光照值	集中器→终端	—
		终端操作结果返回	终端→集中器	

续表 B.0.5-8

序号	查询类 子命令码	功能	传输方向	备注
15	子命令码 3DH	查询车流量值	集中器→终端	—
		终端操作结果返回	终端→集中器	
16	子命令码 3EH	查询设备类型	集中器→终端	—
		终端操作结果返回	终端→集中器	
17	子命令码 3FH	查询固件升级完成进度	集中器→终端	—
		终端操作结果返回	终端→集中器	
18	子命令码 40H	查询总工作时间	集中器→终端	—
		终端操作结果返回	终端→集中器	
19	子命令码 41H	查询总用电量	集中器→终端	—
		终端操作结果返回	终端→集中器	
20	子命令码 42H	查询工作温度	集中器→终端	—
		终端操作结果返回	终端→集中器	

4 控制指令详解

1） 进入在线升级模式

功能码(二进制)为 001010b，代表集中器配置终端进入在线升级模式的命令。

表 B.0.5-9 在线升级命令帧格式

帧头	帧数据				帧尾	
H	ID	C(二进制)	PD		CRC16	T
			L	Data		
9AH	XXXXXXXXH	xx001010b	00H	无	CRC16	A9H
1 byte	4 byte	1 byte	1 byte	0 byte	2 byte	1 byte

表 B.0.5-10 在线升级响应帧格式

帧头	帧数据				帧尾	
H	ID	C(二进制)	PD		CRC16	T
95H	XXXXXXXXH	xx001010b	R	L	CRC16	59H
			R	00H		
1 byte	4 byte	1 byte	1 byte	1 byte	2 byte	1 byte

2） 重启终端

功能码(二进制)为 001011b，代表集中器重启终端的命令。

表 B.0.5-11 重启终端命令帧格式

帧头	帧数据				帧尾	
H	ID	C(二进制)	PD		CRC16	T
9AH	XXXXXXXXH	xx001011b	L	Data	CRC16	A9H
			00H	无		
1 byte	4 byte	1 byte	1 byte	0 byte	2 byte	1 byte

表 B.0.5-12 重启终端响应帧格式

帧头	帧数据				帧尾	
H	ID	C(二进制)	PD		CRC16	T
95H	XXXXXXXXH	xx001011b	R	L	CRC16	59H
			R	00H		
1 byte	4 byte	1 byte	1 byte	1 byte	2 byte	1 byte

3） 初始化终端

功能码(二进制)为 001100b，代表集中器查询终端状态的命令。

表 B.0.5-13 初始化终端命令帧格式

帧头	帧数据				帧尾	
H	ID	C(二进制)	PD		CRC16	T
9AH	XXXXXXXXH	xx001100b	L	Data	CRC16	A9H
			00H	无		
1 byte	4 byte	1 byte	1 byte	0 byte	2 byte	1 byte

表 B.0.5-14 初始化终端响应帧格式

帧头	帧数据				帧尾	
H	ID	C(二进制)	PD		CRC16	T
95H	XXXXXXXXH	xx001100b	R	L	CRC16	59H
			R	00H		
1 byte	4 byte	1 byte	1 byte	1 byte	2 byte	1 byte

4) 调光

功能码(二进制)为 010000b,代表集中器控制单灯终端调光的命令。

表 B.0.5-15 调光命令帧格式

帧头	帧数据				帧尾	
H	ID	C(二进制)	PD		CRC16	T
9AH	XXXXXXXXH	xx010000b	L	Data	CRC16	A9H
			01H	Data		
1 byte	4 byte	1 byte	1 byte	1 byte	2 byte	1 byte

表 B.0.5-16 调光响应帧格式

帧头	帧数据				帧尾	
H	ID	C(二进制)	PD		CRC16	T
95H	XXXXXXXXH	xx010000b	R	L	CRC16	59H
			R	00H		
1 byte	4 byte	1 byte	1 byte	1 byte	2 byte	1 byte

注:Data 是调光的亮度值,00H 表示关灯,调光范围是 01H—64H,共 100 级调光,步长为 1%。

5) 心跳包

功能码(二进制)为010010b,代表集中器给终端的心跳包命令,当网络内没有数据交换的时候,用以维系集中器与终端之间的链接,并且在心跳包内包含时间同步的数据。

表 B.0.5-17 心跳包命令帧格式

帧头	帧数据				帧尾	
H	ID	C(二进制)	PD		CRC16	T
9AH	XXXXXXXXH	xx010010b	L	Data	CRC16	A9H
			02H	同步时间		
1 byte	4 byte	1 byte	1 byte	2 byte	2 byte	1 byte

注:1. Data(2Byte)代表当前时间(24 h 制,单位:min)。如当前 19:00,则换算分钟 19×60=1 140 min。在通信中断 10 min 后,如果设置了时控计划则进入时控调光;否则,自动调节亮度到最高。
2. 集中器在没有数据通信的情况下应至少保证在60 s内向网络内发送一次心跳包。

6) 设置调光渐变时间

功能码(二进制)为010011b,代表集中器设置单灯终端的调光渐变时间的命令。

表 B.0.5-18 设置调光渐变时间命令帧格式

帧头	帧数据				帧尾	
H	ID	C(二进制)	PD		CRC16	T
9AH	XXXXXXXXH	xx010011b	L	Data	CRC16	A9H
			01H	调光时间值		
1 byte	4 byte	1 byte	1 byte	1 byte	2 byte	1 byte

表 B.0.5-19　设置调光渐变时间响应帧格式

帧头	帧数据				帧尾	
H	ID	C(二进制)	PD		CRC16	T
95H	XXXXXXXXH	xx010011b	R	L	CRC16	59H
			R	00H		
1 byte	4 byte	1 byte	1 byte	1 byte	2 byte	1 byte

注:1. Data 是调光时间值,范围是 00H—0FH,调光时间是 $2^{Data} \times 20$ ms,例如 Data 是 0aH,则调光时间为 $2^{10} \times 20$ ms=20.48 s。00H 代表没有调光延时,直接调到请求的亮度,现在的单灯支持的调光时间范围是 0—0FH,对应的是 0.02 s—655.36 s 的调光时间。

2. 调光渐变时间表示由一个亮度达到另外一个亮度所花的时间,以实现平滑调光的目的。

7) 设置组号

功能码(二进制)为 010101b,代表集中器设置单灯终端的组号的命令。

表 B.0.5-20　设置组号命令帧格式

帧头	帧数据				帧尾	
H	ID	C(二进制)	PD		CRC16	T
9AH	XXXXXXXXH	xx010101b	L	Data	CRC16	A9H
			01H	组号		
1 byte	4 byte	1 byte	1 byte	1 byte	2 byte	1 byte

表 B.0.5-21　设置组号响应帧格式

帧头	帧数据				帧尾	
H	ID	C(二进制)	PD		CRC16	T
95H	XXXXXXXXH	xx010101b	R	L	CRC16	59H
			R	00H		
1 byte	4 byte	1 byte	1 byte	1 byte	2 byte	1 byte

注:Data 是组号值,每套灯最多能从属 64 个组,组号范围是 1—64,高位在前低位在后。

8） 将当前LED从组中删除

功能码（二进制）为010110b，代表集中器将单灯终端从组中删除的命令。

表 B.0.5-22 删除终端命令帧格式

帧头	帧数据				帧尾	
H	ID	C(二进制)	PD		CRC16	T
9AH	XXXXXXXXH	xx010110b	L	Data	CRC16	A9H
			01H	组号		
1 byte	4 byte	1 byte	1 byte	1 byte	2 byte	1 byte

表 B.0.5-23 删除终端响应帧格式

帧头	帧数据				帧尾	
H	ID	C(二进制)	PD		CRC16	T
95H	XXXXXXXXH	xx010110b	R	L	CRC16	59H
			R	00H		
1 byte	4 byte	1 byte	1 byte	1 byte	2 byte	1 byte

注：Data 是要删除的组号值，当值为 FF 时表示删除所有组。

9） 设置某场景调光值

功能码（二进制）为010111b，代表集中器设置某场景的亮度值的命令。

表 B.0.5-24 设置场景亮度值命令帧格式

帧头	帧数据				帧尾	
H	ID	C(二进制)	PD		CRC16	T
9AH	XXXXXXXXH	xx010111b	L	Data	CRC16	A9H
			02H	Data		
1 byte	4 byte	1 byte	1 byte	2 byte	2 byte	1 byte

表 B.0.5-25 设置场景亮度值响应帧格式

帧头		帧数据			帧尾	
H	ID	C(二进制)	PD		CRC16	T
95H	XXXXXXXXH	xx010111b	R	L	CRC16	59H
			R	00H		
1 byte	4 byte	1 byte	1 byte	1 byte	2 byte	1 byte

注：Data 的 2 个字节是场景值在前，亮度值在后，场景值范围是 00H—3FH，亮度值范围是 00H—64H，亮度 0 代表关灯，范围是 01H—64H，共 100 级调光，步长为 1%。

10） 将某场景的值移除

功能码(二进制)为 011000b，代表集中器将单灯终端某场景的亮度值删除的命令。

表 B.0.5-26 删除场景亮度值命令帧格式

帧头		帧数据			帧尾	
H	ID	C(二进制)	PD		CRC16	T
9AH	XXXXXXXXH	xx011000b	L	Data	CRC16	A9H
			01H	Data		
1 byte	4 byte	1 byte	1 byte	1 byte	2 byte	1 byte

表 B.0.5-27 删除场景亮度值响应帧格式

帧头		帧数据			帧尾	
H	ID	C(二进制)	PD		CRC16	T
95H	XXXXXXXXH	xx011000b	R	L	CRC16	59H
			R	00H		
1 byte	4 byte	1 byte	1 byte	1 byte	2 byte	1 byte

注：1. Data 是场景值，场景值范围是 00H—3FH，0xFF 表示删除所有已设置的场景。
2. 删除了以后这个场景的亮度值默认为 FFH，为无效值。

11） 进入某种场景

功能码（二进制）为011010b，代表集中器控制单灯终端进入某场景的命令。

表 B.0.5-28 进入场景命令帧格式

帧头	帧数据				帧尾	
H	ID	C(二进制)	PD		CRC16	T
9AH	XXXXXXXXH	xx011010b	L	Data	CRC16	A9H
			01H	Data		
1 byte	4 byte	1 byte	1 byte	1 byte	2 byte	1 byte

表 B.0.5-29 进入场景响应帧格式

帧头	帧数据				帧尾	
H	ID	C(二进制)	PD		CRC16	T
95H	XXXXXXXXH	xx011010b	R	L	CRC16	59H
			R	00H		
1 byte	4 byte	1 byte	1 byte	1 byte	2 byte	1 byte

注：Data是场景值，场景值范围是00H—3FH，如果终端之前没有设置过该场景所对应亮度，则不响应该命令。

12） 升级文件下载

功能码（二进制）为101101b，代表集中器下载升级文件至终端的命令。

表 B.0.5-30 下载升级文件命令帧格式

帧头	帧数据				帧尾	
H	ID	C(二进制)	PD		CRC16	T
9AH	XXXXXXXXH	xx101101b	L	Data	CRC16	A9H
			34H	Data		
1 byte	4 byte	1 byte	1 byte	52 byte	2 byte	1 byte

表 B.0.5-31　下载升级文件响应帧格式

帧头	帧数据					帧尾	
H	ID	C(二进制)	PD			CRC16	T
			应答码	数据长度	数据		
95H	XXXXXXXXH	xx101101b	R	L	DT	CRC16	59H
			R	04H	DT		
1 byte	4 byte	1 byte	1 byte	1 byte	4 byte	2 byte	1 byte

注：1. Data 的格式是文件的总大小(4Byte)+当前下载的偏移地址(4Byte)+固件序列号(8Byte)+文件冗余校验(4Byte)+固件数据(32Byte)，高位在前低位在后。

2. 响应数据 DT 是已下载文件长度。

13）查询所有

功能码(二进制)为 101010b，代表集中器查询单灯终端的所有状态的命令。

表 B.0.5-32　查询单灯所有状态命令帧格式

帧头	帧数据				帧尾	
H	ID	C(二进制)	PD		CRC16	T
			L	Data		
9AH	XXXXXXXXH	xx101010b	00H	无	CRC16	A9H
1 byte	4 byte	1 byte	1 byte	0 byte	2 byte	1 byte

表 B.0.5-33　查询单灯所有状态响应帧格式

帧头	帧数据					帧尾	
H	ID	C(二进制)	PD			CRC16	T
			R	L	DT		
95H	XXXXXXXXH	xx101010b	R	1AH	DT	CRC16	59H
1 byte	4 byte	1 byte	1 byte	1 byte	26byte	2 byte	1 byte

注：1. 使用查询所有指令目的在于快速获取采集值，减少传输交互次数。

2. DT 是 16 个字节的所有状态值，DT 的内容如表 B.0.5-34 所示，其中状态位是用来区分当前硬件是否支持后面的某状态值的查询。D15D14D13D12D11 D10D9D8D7D6D5D4xxxxb 字节的高 12 位有效,低 4 位保留,Dx 为 1 表示当前硬件支持该项查询功能,为 0 不支持。当前硬件不支持的状态值都为 00H。

3. 光强度值的单位是流明,高位在前。
4. 工作总时间记录是灯具在开灯状态下的累计工作时间,最小单位是分钟,最大支持 8 171 年的工作总时间记录。
5. 总用电量的最小单位是 0.01 度,假设单灯的最大功率是 200 W,最大支持 24 514 年的总用电量记录。
6. 工作温度的单位是摄氏度,该数据为有符号的短整型数据,可以表示负温度,所有的参数都是高位在前,低位在后。
7. 直接调光值,表示当前亮度。
8. 终端状态:1 个字节的错误状态:

    1) 0x00 无错误;
    2) 0x01 系统空载未接灯;
    3) 0x02 系统在 boot 模式下,可能需要重新更新软件;
    4) 0x04 电源短路;
    5) 0x08 电源开路;
    6) 0x10 超温报警。

9. 电压:2 个字节电压值格式为 xxddddddddddddddB,最高 2 位 xx 表示档位,剩下的 14 位表示 0—16 367,档位:

    1) 00—1 mV;
    2) 01—10 mV;
    3) 10—100 mV;
    4) 11—1 V。

10. 电流:2 个字节电流值格式为 xxddddddddddddddB,最高 2 位 xx 表示档位,剩下的 14 位表示 0—16 367,档位:

    1) 00—1 mA;
    2) 01—10 mA;
    3) 10—100 mA;
    4) 11—1 A。

11. 有功功率:2 个字节有功功率值格式为 xxddddddddddddddB,最高 2 位 xx 表示档位,剩下的 14 位表示 0—16 367,档位:

    1) 00—1 mW;
    2) 01—10 mW;
    3) 10—100 mW;
    4) 11—1 W。

表 B.0.5-34 状态值 DT 的内容

状态位	各状态值							
是否支持相应功能	电压	电流	有功功率	直接调光值	默认调光值	调光时间	组号	终端状态
2 byte	2 byte	2 byte	2 byte	1 byte	1 byte	1 byte	1 byte	1 byte
—	固件版本号	光强度值	工作总时间	总用电量	工作温度	—	—	—
—	1 byte	2 byte	4 byte	4 byte	2 byte	—	—	—

14) 恢复出厂设置

功能码(二进制)为 100000b,代表集中器设置单灯终端恢复出厂配置的命令。

表 B.0.5-35 恢复出厂设置命令帧格式

帧头	帧数据				帧尾	
H	ID	C(二进制)	PD		CRC16	T
			L	Data		
9AH	XXXXXXXXH	xx100000b	00H	无	CRC16	A9H
1 byte	4 byte	1 byte	1 byte	0 byte	2 byte	1 byte

表 B.0.5-36 恢复出厂设置响应帧格式

帧头	帧数据					帧尾	
H	ID	C(二进制)	PD			CRC16	T
			应答码	数据长度	数据		
95H	XXXXXXXXH	xx100000b	R	L	DT	CRC16	59H
			R	00H	无		
1 byte	4 byte	1 byte	1 byte	1 byte	0 byte	2 byte	1 byte

注:恢复出厂设置包括:清零总工作时间、总用电量,调光系数置 100、上电亮度值置为无效,调光上下限分别指 100 和 0,删除当前时控计划、关闭过温保护功能、清除过温保护参数设置。

15） 配置命令集

配置命令为一大类的指令,其包含各自的子命令码,功能码（二进制）为 011110b。

（1）清零总工作时间

子命令码为 1DH,代表集中器清零单灯终端总工作时间的子命令。

表 B.0.5-37　总工作时间清零命令帧格式

帧头	帧数据					帧尾	
H	ID	C(二进制)	PD			CRC16	T
			L	Data			
9AH	XXXXXXXXH	xx011110b	01H	1DH	无	CRC16	A9H
1 byte	4 byte	1 byte	1 byte	1 byte	0 byte	2 byte	1 byte

表 B.0.5-38　总工作时间清零响应帧格式

帧头	帧数据					帧尾	
H	ID	C(二进制)	PD			CRC16	T
			R	L	DT		
95H	XXXXXXXXH	xx011110b	R	01H	1DH	CRC16	59H
1 byte	4 byte	1 byte	1 byte	1 byte	1 byte	2 byte	1 byte

（2）清零总用电量

子命令码为 1EH,代表集中器清零单灯终端总用电量的子命令。

表 B.0.5-39　总用电量清零命令帧格式

帧头	帧数据					帧尾	
H	ID	C(二进制)	PD			CRC16	T
			L	Data			
9AH	XXXXXXXXH	xx011110b	01H	1EH	无	CRC16	A9H
1 byte	4 byte	1 byte	1 byte	1 byte	0 byte	2 byte	1 byte

表 B.0.5-40 总用电量清零响应帧格式

帧头		帧数据					帧尾	
H	ID	C(二进制)	PD				CRC16	T
95H	XXXXXXXXH	xx011110b	R	L		DT	CRC16	59H
			R	01H		1EH		
1 byte	4 byte	1 byte	1 byte	1 byte	1 byte	1 byte	2 byte	1 byte

(3) 设置调光系数

子命令码为 38H,代表设置调光系数的子命令。

表 B.0.5-41 设置调光系数命令帧格式

帧头		帧数据					帧尾	
H	ID	C(二进制)	PD				CRC16	T
9AH	XXXXXXXXH	xx011110b	L	Data			CRC16	A9H
			02H	38H		调光系数		
1 byte	4 byte	1 byte	1 byte	1 byte	1 byte	1 byte	2 byte	1 byte

表 B.0.5-42 设置调光系数响应帧格式

帧头		帧数据					帧尾	
H	ID	C(二进制)	PD				CRC16	T
95H	XXXXXXXXH	xx011110b	R	L		DT	CRC16	59H
			R	01H		38H		
1 byte	4 byte	1 byte	1 byte	1 byte	1 byte	1 byte	2 byte	1 byte

注:调光系数,系数范围 70—100。例如:调光值 100、调光系数 80,则实际调光等级为 100×80/100=80。

(4) 设置上电亮度值

子命令码为 38H,代表设置上电初始亮度值的子命令。

表 B.0.5-43 设置上电初始亮度值命令帧格式

帧头			帧数据				帧尾	
H	ID	C(二进制)	PD				CRC16	T
9AH	XXXXXXXXH	xx011110b	L	Data			CRC16	A9H
			02H	38H	亮度值			
1 byte	4 byte	1 byte	1 byte	1 byte	1 byte		2 byte	1 byte

表 B.0.5-44 设置上电初始亮度值响应帧格式

帧头			帧数据			帧尾	
H	ID	C(二进制)	PD			CRC16	T
95H	XXXXXXXXH	xx011110b	R	L	DT	CRC16	59H
			R	01H	38H		
1 byte	4 byte	1 byte	1 byte	1 byte	1 byte	2 byte	1 byte

注：1. Data 代表子命令码＋亮度，亮度范围 0—100。
 2. 当没有设置开机亮度的时候，开机亮度采用上一次关机时的亮度。

（5）设置调光上下限

子命令码为 3AH，代表设置调光上下限的子命令。

表 B.0.5-45 设置调光上下限命令帧格式

帧头			帧数据			帧尾	
H	ID	C(二进制)	PD			CRC16	T
9AH	XXXXXXXXH	xx011110b	L	Data		CRC16	A9H
			03H	3AH	调光上下限值		
1 byte	4 byte	1 byte	1 byte	1 byte	2 byte	2 byte	1 byte

表 B.0.5-46 设置调光上下限响应帧格式

帧头	帧数据					帧尾	
H	ID	C(二进制)	PD			CRC16	T
95H	XXXXXXXXH	xx011110b	R	L	DT	CRC16	59H
			R	01H	3AH		
1 byte	4 byte	1 byte	1 byte	1 byte	1 byte	2 byte	1 byte

注：1. 调光上下限值，调光上限 T_1、下限 T_2，$T_1 \geqslant T_2$（取值范围 0—100）。
2. 如果调光值大于 T_1 或小于 T_2，则会在不执行此调光指令，R 返回 06。

（6）设置时控计划

子命令码为 3FH，代表设置单灯终端失去连接时候的自动调光计划的子命令。

表 B.0.5-47 设置时控计划命令帧格式

帧头	帧数据					帧尾	
H	ID	C(二进制)	PD			CRC16	T
9AH	XXXXXXXXH	xx011110b	L (3×N +1)H	3FH	Data N 条时 控计划	CRC16	A9H
1 byte	4 byte	1 byte	1 byte	1 byte	3 byte×N	2 byte	1 byte

表 B.0.5-48 时控格式

时间(2 byte)	亮度(1 byte)
T_1(min)	L_1(0—64H)
T_2(min)　$T_2 > T_1$	L_2(0—64H)
T_3(min)　$T_3 > T_2$	L_3(0—64H)
L_n(min)　$T_n > T_{n-1}$	L_n(0—64H)

表 B.0.5-49　设置时控计划响应帧格式

帧头	帧数据						帧尾	
H	ID	C(二进制)	PD				CRC16	T
95H	XXXXXXXXH	xx011110b	R	L		DT	CRC16	59H
			R	01H		3FH		
1 byte	4 byte	1 byte	1 byte	1 byte		1 byte	2 byte	1 byte

（7）删除时控计划

子命令码为 20H，代表集中器删除单灯终端的时控计划的子命令。

表 B.0.5-50　删除时控计划命令帧格式

帧头	帧数据					帧尾	
H	ID	C(二进制)	PD			CRC16	T
9AH	XXXXXXXXH	xx011110b	L	Data	无	CRC16	A9H
			01H	20H			
1 byte	4 byte	1 byte	1 byte	1 byte	0 byte	2 byte	1 byte

表 B.0.5-51　删除时控计划响应帧格式

帧头	帧数据						帧尾	
H	ID	C(二进制)	PD				CRC16	T
95H	XXXXXXXXH	xx011110b	R	L		DT	CRC16	59H
			R	01H		20H		
1 byte	4 byte	1 byte	1 byte	1 byte		1 byte	2 byte	1 byte

（8）开关过温保护功能

子命令码为 21H，代表集中器设置单灯终端过温保护功能开关的子命令。

表 B.0.5-52 设置过温保护功能开关命令帧格式

帧头	帧数据					帧尾	
H	ID	C(二进制)	PD			CRC16	T
9AH	XXXXXXXXH	xx011110b	L	Data		CRC16	A9H
			02H	21H	功能开光		
1 byte	4 byte	1 byte	1 byte	1 byte	1 byte	2 byte	1 byte

表 B.0.5-53 设置过温保护功能开关响应帧格式

帧头	帧数据					帧尾	
H	ID	C(二进制)	PD			CRC16	T
95H	XXXXXXXXH	xx011110b	R	L	DT	CRC16	59H
			R	01H	21H		
1 byte	4 byte	1 byte	1 byte	1 byte	1 byte	2 byte	1 byte

注：Data 代表子命令码+功能开关 S。S 为 0,关闭过温保护功能;S 为 1,开启过温保护功能。

(9) 设置过温保护参数

子命令码为 22H,代表集中器设置过温保护参数的子命令。

表 B.0.5-54 设置过温保护参数命令帧格式

帧头	帧数据					帧尾	
H	ID	C(二进制)	PD			CRC16	T
9AH	XXXXXXXXH	xx011110b	L	Data		CRC16	A9H
			04H	22H	过温保护参数		
1 byte	4 byte	1 byte	1 byte	1 byte	3 byte	2 byte	1 byte

表 B.0.5-55　设置过温保护参数响应帧格式

帧头	帧数据					帧尾	
H	ID	C(二进制)	PD			CRC16	T
95H	XXXXXXXXH	xx011110b	R	L	DT	CRC16	59H
			R	01H	22H		
1 byte	4 byte	1 byte	1 byte	1 byte	1 byte	2 byte	1 byte

注：过温保护参数，温度保护开始值 T_1＋温度保护恢复值 T_2＋保护模式输出等级 L_1。例如：温度达到 T_1 时限制输出至 L_1 等级，当温度降低到 T_2 时恢复默认输出，T_1 大于 T_2。

16) 查询命令集

查询命令为一大类的指令，其包含各自的子命令码，查询命令的功能码(二进制)为 011111b。

(1) 查询电压

子命令码为 20H，代表集中器查询单灯终端的电压值的子命令。

表 B.0.5-56　查询电压值命令帧格式

帧头	帧数据				帧尾	
H	ID	C(二进制)	PD		CRC16	T
9AH	XXXXXXXXH	xx011111b	L	Data	CRC16	A9H
			01H	20H		
1 byte	4 byte	1 byte	1 byte	1 byte	2 byte	1 byte

表 B.0.5-57　查询电压值响应帧格式

帧头	帧数据						帧尾	
H	ID	C(二进制)	PD				CRC16	T
95H	XXXXXXXXH	xx011111b	R	L	DT		CRC16	59H
			R	03H	20H	XXXXH		
1 byte	4 byte	1 byte	1 byte	1 byte	1 byte	2 byte	2 byte	1 byte

注：电压格式的详细描述参考本款第 13)项。

(2) 查询电流

子命令码为 21H,代表集中器查询单灯终端的电流值的子命令。

表 B.0.5-58 查询电流值命令帧格式

帧头	帧数据				帧尾	
H	ID	C(二进制)	PD		CRC16	T
			L	Data		
9AH	XXXXXXXXH	xx011111b	01H	21H	CRC16	A9H
1 byte	4 byte	1 byte	1 byte	1 byte	2 byte	1 byte

表 B.0.5-59 查询电流值响应帧格式

帧头	帧数据						帧尾	
H	ID	C(二进制)	PD				CRC16	T
			R	L	DT			
95H	XXXXXXXXH	xx011111b	R	03H	21H	XXXXH	CRC16	59H
1 byte	4 byte	1 byte	1 byte	1 byte	1 byte	2 byte	2 byte	1 byte

注:电流格式的详细描述参考本款第 13)项。

(3) 查询有功功率

子命令码为 22H,代表集中器查询单灯终端的有功功率值的子命令。

表 B.0.5-60 查询有功功率值命令帧格式

帧头	帧数据				帧尾	
H	ID	C(二进制)	PD		CRC16	T
			L	Data		
9AH	XXXXXXXXH	xx011111b	01H	22H	CRC16	A9H
1 byte	4 byte	1 byte	1 byte	1 byte	2 byte	1 byte

表 B.0.5-61 查询有功功率值响应帧格式

帧头	帧数据						帧尾	
H	ID	C(二进制)	PD				CRC16	T
95H	XXXXXXXXH	xx011111b	R	L	DT		CRC16	59H
			R	03H	22H	XXXXH		
1 byte	4 byte	1 byte	1 byte	1 byte	1 byte	2 byte	2 byte	1 byte

注:功率格式的详细描述参考本款第13)项。

(4) 查询直接调光值

子命令码为 23H,代表集中器查询单灯终端的直接调光值(当前亮度)的子命令。

表 B.0.5-62 查询直接调光值命令帧格式

帧头	帧数据				帧尾	
H	ID	C(二进制)	PD		CRC16	T
9AH	XXXXXXXXH	xx011111b	L	Data	CRC16	A9H
			01H	23H		
1 byte	4 byte	1 byte	1 byte	1 byte	2 byte	1 byte

表 B.0.5-63 查询直接调光值响应帧格式

帧头	帧数据						帧尾	
H	ID	C(二进制)	PD				CRC16	T
95H	XXXXXXXXH	xx011111b	R	L	DT		CRC16	59H
			R	02H	23H	XXH		
1 byte	4 byte	1 byte	1 byte	1 byte	1 byte	1 byte	2 byte	1 byte

注:直接调光值的详细描述参考本款第13)项。

(5) 查询调光时间

子命令码为 25H,代表集中器查询单灯终端的调光时间的子命令。

表 B.0.5-64　查询调光时间命令帧格式

帧头	帧数据				帧尾	
H	ID	C(二进制)	PD		CRC16	T
9AH	XXXXXXXXH	xx011111b	L	Data	CRC16	A9H
			01H	25H		
1 byte	4 byte	1 byte	1 byte	1 byte	2 byte	1 byte

表 B.0.5-65　查询调光时间响应帧格式

帧头	帧数据						帧尾	
H	ID	C(二进制)	PD				CRC16	T
95H	XXXXXXXXH	xx011111b	R	L	DT		CRC16	59H
			R	02H	25H	XXH		
1 byte	4 byte	1 byte	1 byte	1 byte	1 byte	1 byte	2 byte	1 byte

注：调光时间值的详细描述参考本款第13)项。

（6）查询组号

子命令码为 26H，代表集中器查询单灯终端的组号的子命令。

表 B.0.5-66　查询组号命令帧格式

帧头	帧数据				帧尾	
H	ID	C(二进制)	PD		CRC16	T
9AH	XXXXXXXXH	xx011111b	L	Data	CRC16	A9H
			01H	26H		
1 byte	4 byte	1 byte	1 byte	1 byte	2 byte	1 byte

表 B.0.5-67　查询组号响应帧格式

帧头			帧数据				帧尾	
H	ID	C(二进制)	PD				CRC16	T
95H	XXXXXXXXH	xx011111b	R	L	DT		CRC16	59H
			R	09H	26H	组号		
1 byte	4 byte	1 byte	1 byte	1 byte	1 byte	8byte	2 byte	1 byte

注：组号是组 1—64 的 MASK 值。0 代表无此组；1 代表已设置此组。

（7）查询某场景的调光值

子命令码为 27H，代表集中器查询单灯终端某场景调光值的子命令。

表 B.0.5-68　查询场景调光值命令帧格式

帧头			帧数据			帧尾	
H	ID	C(二进制)	PD			CRC16	T
9AH	XXXXXXXXH	xx011111b	L	Data		CRC16	A9H
			01H	27H	场景号		
1 byte	4 byte	1 byte	1 byte	1 byte	1Byte	2 byte	1 byte

表 B.0.5-69　查询场景调光值响应帧格式

帧头			帧数据				帧尾	
H	ID	C(二进制)	PD				CRC16	T
95H	XXXXXXXXH	xx011111b	R	L	DT		CRC16	59H
			R	03H	27H	场景调光值		
1 byte	4 byte	1 byte	1 byte	1 byte	1 byte	2 byte	2 byte	1 byte

注：场景调光值是场景＋调光值，调光值范围是 00H—64H，00H 表示关灯。

（8）查询终端状态

子命令码为 28H，代表集中器查询单灯终端的错误状态的子命令。

表 B.0.5-70 查询错误状态命令帧格式

帧头	帧数据				帧尾	
H	ID	C(二进制)	PD		CRC16	T
9AH	XXXXXXXXH	xx011111b	L	Data	CRC16	A9H
			01H	28H		
1 byte	4 byte	1 byte	1 byte	1 byte	2 byte	1 byte

表 B.0.5-71 查询错误状态响应帧格式

帧头	帧数据						帧尾	
H	ID	C(二进制)	PD				CRC16	T
95H	XXXXXXXXH	xx011111b	R	L	DT		CRC16	59H
			R	02H	28H	状态		
1 byte	4 byte	1 byte	1 byte	1 byte	1 byte	1 byte	2 byte	1 byte

注:状态值的详细描述参考本款第13)项。

(9) 查询固件版本号

子命令码为 29H,代表集中器查询单灯终端的固件版本号的子命令。

表 B.0.5-72 查询固件版本号命令帧格式

帧头	帧数据				帧尾	
H	ID	C(二进制)	PD		CRC16	T
9AH	XXXXXXXXH	xx011111b	L	Data	CRC16	A9H
			01H	29H		
1 byte	4 byte	1 byte	1 byte	1 byte	2 byte	1 byte

表 B.0.5-73 查询固件版本号响应帧格式

帧头		帧数据				帧尾	
H	ID	C(二进制)	PD			CRC16	T
95H	XXXXXXXXH	xx011111b	R	L	DT	CRC16	59H
			R	02H	29H	版本号		
1 byte	4 byte	1 byte	1 byte	1 byte	1 byte	1 byte	2 byte	1 byte

注：版本号是1个字节的固件版本号,范围是00H—FFH。

（10）查询生产商信息

子命令码为34H,代表查询终端产品生产商信息的子命令。

表 B.0.5-74 查询生产商信息命令帧格式

帧头		帧数据			帧尾	
H	ID	C(二进制)	PD		CRC16	T
9AH	XXXXXXXXH	xx011111b	L	Data	CRC16	A9H
			01H	34H		
1 byte	4 byte	1 byte	1 byte	1 byte	2 byte	1 byte

表 B.0.5-75 查询生产商信息响应帧格式

帧头		帧数据				帧尾	
H	ID	C(二进制)	PD			CRC16	T
95H	XXXXXXXXH	xx011111b	R	L	DT	CRC16	59H
			R	31H	34H	PD		
1 byte	4 byte	1 byte	1 byte	1 byte	1 byte	30 byte	2 byte	1 byte

注：PD代表设备存储生产商信息,为Unicode-16码,高位在前低位在后,固定长度30 byte,不够补零即可。

（11）查询产品序列号

子命令码为35H,代表集中器查询终端产品序列号的子命令。

表 B.0.5-76 查询产品型号命令帧格式

帧头	帧数据				帧尾	
H	ID	C(二进制)	PD		CRC16	T
9AH	XXXXXXXXH	xx011111b	L	Data	CRC16	A9H
			01H	1FH		
1 byte	4 byte	1 byte	1 byte	1 byte	2 byte	1 byte

表 B.0.5-77 查询产品型号响应帧格式

帧头	帧数据						帧尾	
H	ID	C(二进制)	PD				CRC16	T
95H	XXXXXXXXH	xx011111b	R	L	DT		CRC16	59H
			R	03H	35H	PD		
1 byte	4 byte	1 byte	1 byte	1 byte	1 byte	2 byte	2 byte	1 byte

注：PD 表示产品序列号。

(12) 查询硬件版本信息

子命令码为 36H,代表集中器查询终端硬件版本信息的子命令。

表 B.0.5-78 查询硬件版本信息命令帧格式

帧头	帧数据				帧尾	
H	ID	C(二进制)	PD		CRC16	T
9AH	XXXXXXXXH	xx011111b	L	Data	CRC16	A9H
			01H	36H		
1 byte	4 byte	1 byte	1 byte	1 byte	2 byte	1 byte

表 B.0.5-79 查询硬件版本信息响应帧格式

帧头	帧数据					帧尾	
H	ID	C(二进制)	PD			CRC16	T
95H	XXXXXXXXH	xx011111b	R	L	DT	CRC16	59H
			R	01H—31H	36H	版本信息		
1 byte	4 byte	1 byte	1 byte	1 byte	1 byte	0—30H byte	2 byte	1 byte

注：版本信息代表读取的数据位，ASCII 码以"/0"结束。

(13) 查询光强值

子命令码为 3BH，代表集中器查询光强传感器终端光强值的子命令。

表 B.0.5-80 查询光强值命令帧格式

帧头	帧数据				帧尾	
H	ID	C(二进制)	PD		CRC16	T
9AH	XXXXXXXXH	xx011111b	L	Data	CRC16	A9H
			01H	3BH		
1 byte	4 byte	1 byte	1 byte	1 byte	2 byte	1 byte

表 B.0.5-81 查询光强值响应帧格式

帧头	帧数据					帧尾	
H	ID	C(二进制)	PD			CRC16	T
95H	XXXXXXXXH	xx011111b	R	L	DT	CRC16	59H
			R	03H	3BH	光强值		
1 byte	4 byte	1 byte	1 byte	1 byte	1 byte	2 byte	2 byte	1 byte

注：光强值的单位为坎德拉每平方米(cd/m^2)。

(14) 查询照度值

子命令码为 3CH，代表集中器查询照度传感器终端当前照度值的子命令。

表 B.0.5-82　查询照度值命令帧格式

帧头	帧数据					帧尾	
H	ID	C(二进制)	PD			CRC16	T
9AH	XXXXXXXXH	xx011111b	L	Data		CRC16	A9H
			01H	3CH			
1 byte	4 byte	1 byte	1 byte	1 byte		2 byte	1 byte

表 B.0.5-83　查询照度值响应帧格式

帧头	帧数据						帧尾	
H	ID	C(二进制)	PD				CRC16	T
95H	XXXXXXXXH	xx011111b	R	L	DT		CRC16	59H
			R	03H	3CH	照度值		
1 byte	4 byte	1 byte	1 byte	1 byte	1 byte	2 byte	2 byte	1 byte

注：照度值的单位为勒克斯(lx)。

(15) 查询车流量值

子命令码为 3DH，代表集中器查询车流量传感器终端当前车流量值的子命令。

表 B.0.5-84　查询车流量命令帧格式

帧头	帧数据					帧尾	
H	ID	C(二进制)	PD			CRC16	T
9AH	XXXXXXXXH	xx011111b	L	Data		CRC16	A9H
			01H	3DH			
1 byte	4 byte	1 byte	1 byte	1 byte		2 byte	1 byte

表 B.0.5-85　查询车流量响应帧格式

帧头	帧数据						帧尾	
H	ID	C(二进制)	PD				CRC16	T
95H	XXXXXXXXH	xx011111b	R	L	DT		CRC16	59H
			R	03H	3DH	车流量		
1 byte	4 byte	1 byte	1 byte	1 byte	1 byte	2 byte	2 byte	1 byte

注：车流量的单位为混合车辆数每小时每车道[veh/(h·ln)]。

(16) 查询设备类型

子命令码为3EH，代表查询当前设备类型的子命令。

表 B.0.5-86　查询设备类型命令帧格式

帧头	帧数据				帧尾	
H	ID	C(二进制)	PD		CRC16	T
9AH	XXXXXXXXH	xx011111b	L	Data	CRC16	A9H
			01H	3EH		
1 byte	4 byte	1 byte	1 byte	1 byte	2 byte	1 byte

表 B.0.5-87　查询设备类型响应帧格式

帧头	帧数据						帧尾	
H	ID	C(二进制)	PD				CRC16	T
95H	XXXXXXXXH	xx011111b	R	L	DT		CRC16	59H
			R	02H	3EH	设备类型		
1 byte	4 byte	1 byte	1 byte	1 byte	1 byte	1 byte	2 byte	1 byte

表 B.0.5-88　设备类型 PD 值

序号	PD 值	类型
0	00	单灯控制器
1	01	控制一体化电源
2	02	照度传感器
3	03	光强传感器
4	04	车流量传感器

(17) 查询固件升级已完成进度

子命令码为 3FH,代表查询当前终端的固件升级已下载的大小值的子命令。

表 B.0.5-89 查询固件升级进度命令帧格式

帧头	帧数据				帧尾	
H	ID	C(二进制)	PD		CRC16	T
			L	Data		
9AH	XXXXXXXXH	xx011111b	01H	3FH	CRC16	A9H
1 byte	4 byte	1 byte	1 byte	1 byte	2 byte	1 byte

表 B.0.5-90 查询固件升级进度响应帧格式

帧头	帧数据						帧尾	
H	ID	C(二进制)	PD				CRC16	T
			R	L	DT			
95H	XXXXXXXXH	xx011111b	R	05H	3FH	已下载固件大小	CRC16	59H
1 byte	4 byte	1 byte	1 byte	1 byte	1 byte	4 byte	2 byte	1 byte

(18) 查询总工作时间

子命令码为 40H,代表集中器查询终端总工作时间的子命令。

表 B.0.5-91 查询总工作时间命令帧格式

帧头	帧数据				帧尾	
H	ID	C(二进制)	PD		CRC16	T
			L	Data		
9AH	XXXXXXXXH	xx011111b	01H	40H	CRC16	A9H
1 byte	4 byte	1 byte	1 byte	1 byte	2 byte	1 byte

表 B.0.5-92 查询总工作时间响应帧格式

帧头		帧数据					帧尾	
H	ID	C(二进制)	PD				CRC16	T
95H	XXXXXXXXH	xx011111b	R	L	DT		CRC16	59H
			R	05H	40H	总工作时间		
1 byte	4 byte	1 byte	1 byte	1 byte	1 byte	4 byte	2 byte	1 byte

注：总工作时间的单位为分钟（min），且此工作时间表示亮灯时间。

（19）查询总用电量

子命令码为 41H，代表集中器查询终端总用电量的子命令。

表 B.0.5-93 查询总用电量命令帧格式

帧头		帧数据			帧尾	
H	ID	C(二进制)	PD		CRC16	T
9AH	XXXXXXXXH	xx011111b	L	Data	CRC16	A9H
			01H	41H		
1 byte	4 byte	1 byte	1 byte	1 byte	2 byte	1 byte

表 B.0.5-94 查询总用电量响应帧格式

帧头		帧数据					帧尾	
H	ID	C(二进制)	PD				CRC16	T
95H	XXXXXXXXH	xx011111b	R	L	DT		CRC16	59H
			R	05H	41H	用电量		
1 byte	4 byte	1 byte	1 byte	1 byte	1 byte	4 byte	2 byte	1 byte

注：总用电量的单位为 0.01 kWh。

（20）查询工作温度

子命令码为 42H，代表集中器查询终端工作温度的子命令。

表 B.0.5-95 查询工作温度命令帧格式

帧头	帧数据				帧尾	
H	ID	C(二进制)	PD		CRC16	T
			L	Data		
9AH	XXXXXXXXH	xx011111b	01H	42H	CRC16	A9H
1 byte	4 byte	1 byte	1 byte	1 byte	2 byte	1 byte

表 B.0.5-96 查询工作温度响应帧格式

帧头	帧数据						帧尾	
H	ID	C(二进制)	PD				CRC16	T
			R	L	DT			
95H	XXXXXXXXH	xx011111b	R	05H	42H	温度	CRC16	59H
1 byte	4 byte	1 byte	1 byte	1 byte	1 byte	2 byte	2 byte	1 byte

注：温度值的详细描述参考本款第13)项。

5 固件升级流程

协议支持单播、组播、广播升级,可以通过不同的设备类型区别和避免系统中不同的设备在升级中出现误操作。协议支持断点续传的功能,用户可以根据查询到已经完成的进度,进而可以选择进行续传以避免不必要的数据传输。

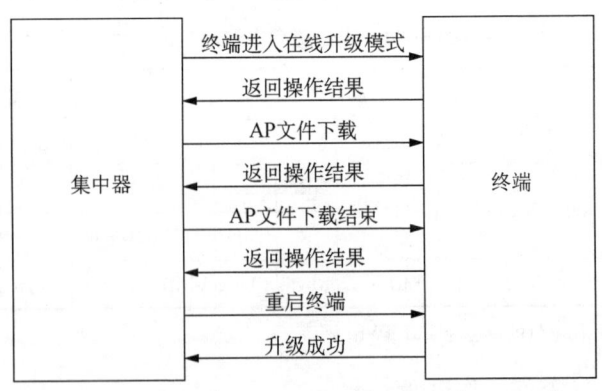

图 B.0.5 固件升级流程图

附录 C 内装式 LED 模块

C.0.1 A 类内装式 LED 模块应按图 C.0.1 的规定执行。

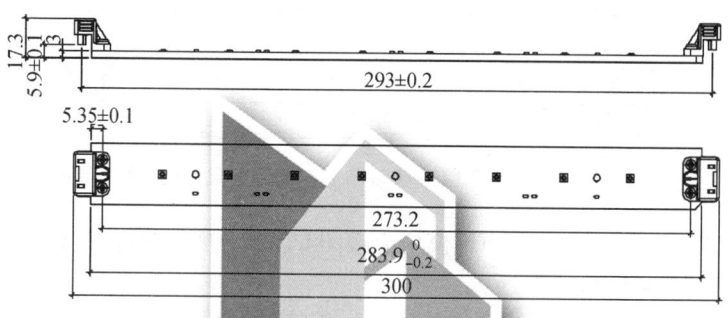

图 C.0.1 A 类内装式 LED 模块尺寸结构尺寸图(单位:mm)

C.0.2 A 类内装式 LED 模块的接插件应按图 C.0.2 的规定执行。

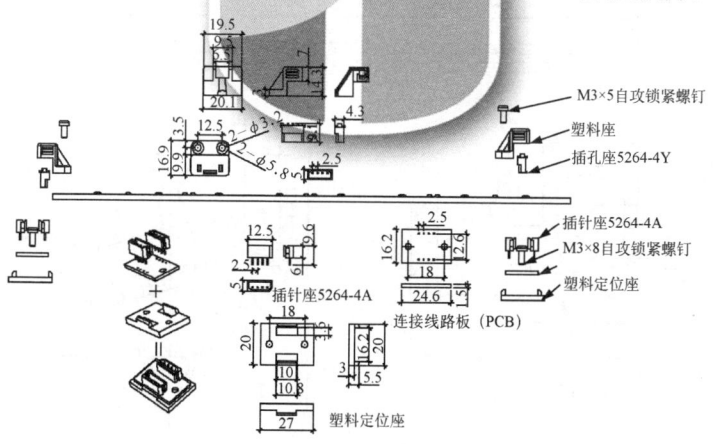

图 C.0.2 A 类内装式 LED 模块的接插件(单位:mm)

C.0.3 A类内装式LED模块与底座的装配应按图C.0.3的规定执行。

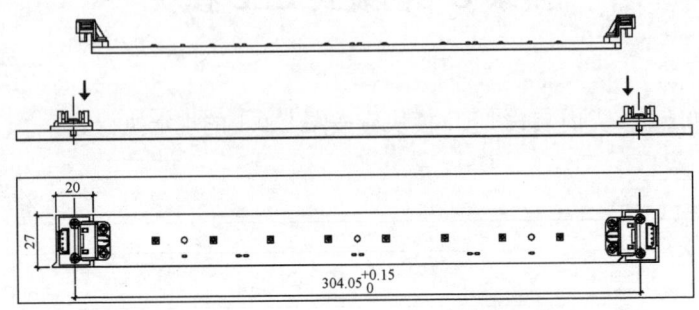

图 C.0.3　A类内装式LED模块与底座的装配尺寸图(单位：mm)

C.0.4 B类内装式LED模块应按图C.0.4的规定执行，其长度可按灯具长度自行设计。

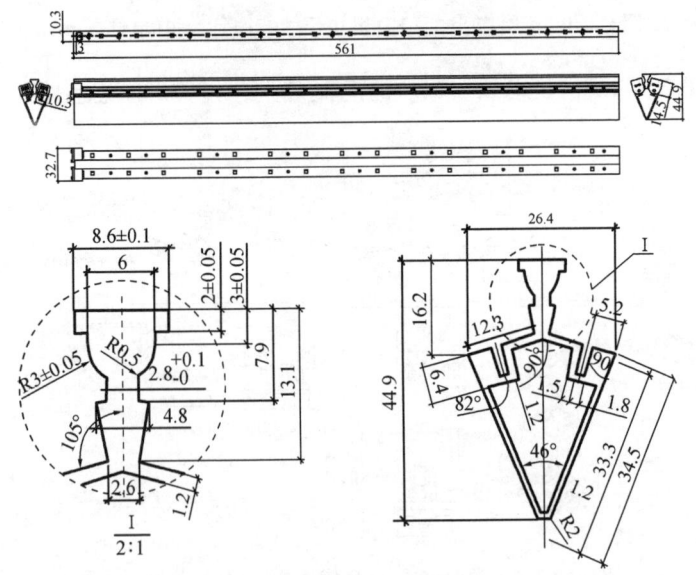

图 C.0.4　B类内装式LED模块尺寸结构图(单位：mm)

C.0.5 B类内装式LED模块在灯具中的安装方式应按图C.0.5的规定执行。

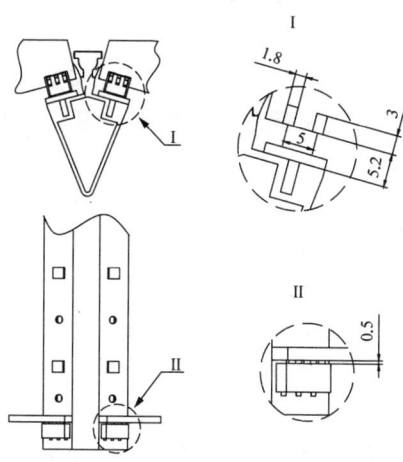

图C.0.5 B类内装式LED模块的安装示意图(单位:mm)

C.0.6 B类内装式LED模块的接插件应按图C.0.6的规定执行。

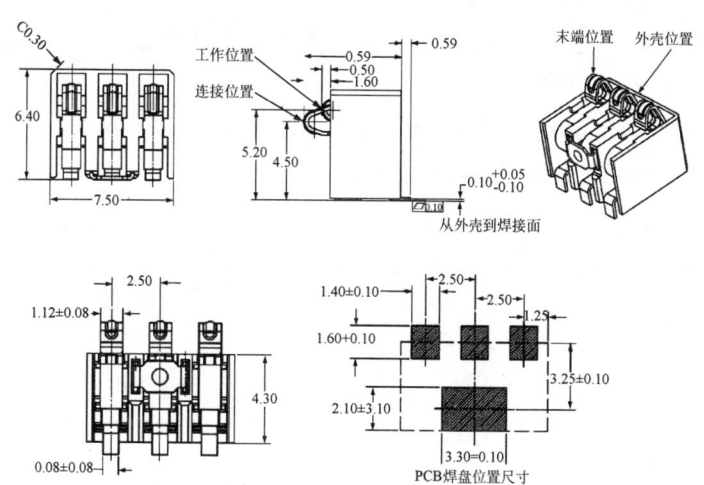

图C.0.6 B类内装式LED模块的接插件(单位:mm)

本标准用词说明

1 为便于在执行本标准条文时区别对待，对要求严格程度不同的用词说明如下：
   1） 表示很严格，非这样做不可的用词：
      正面词采用"必须"；
      反面词采用"严禁"。
   2） 表示严格，在正常情况下均应这样做的用词：
      正面词采用"应"；
      反面词采用"不应"或"不得"。
   3） 表示允许稍有选择，在条件许可时首先应这样做的用词：
      正面词采用"宜"；
      反面词采用"不宜"。
   4） 表示有选择，在一定条件下可以这样做的用词，采用"可"。

2 本标准中指定按其他有关标准执行的写法为："应符合……的规定"或"应按……执行"。

引用标准名录

1 《照明测量方法》GB/T 5700
2 《灯具 第 2-3 部分:特殊要求 道路与街路照明灯具》GB 7000.203
3 《铝及铝合金挤压型材尺寸偏差》GB/T 14846
4 《管形荧光灯用交流电子镇流器性能要求》GB/T 15144
5 《电磁兼容 限值 谐波电流发射限值(设备每相输入电流≤16 A)》GB 17625.1
6 《电气照明和类似设备的无线电骚扰特性的限值和测量方法》GB 17743
7 《隧道照明用 LED 灯具性能要求》GB/T 32481
8 《高速公路交通工程钢构件防腐技术条件》GB/T 18226
9 《一般照明用设备电磁兼容抗扰度要求》GB/T 18595
10 《灯的控制装置 第 14 部分:LED 模块用直流或交流电子控制装置的特殊要求》GB 19510.14
11 《普通照明用 LED 模块 安全要求》GB 24819
12 《普通照明用 LED 模块 性能要求》GB/T 24823
13 《LED 模块用直流或交流电子控制装置 性能要求》GB/T 24825
14 《LED 道路/隧道照明专用模块规格和接口技术要求》GB/T 34846
15 《道路和隧道照明用 LED 灯具能效限定值及能效等级》GB 37478
16 《道路隧道设计标准》DG/TJ 08—2033

上海市工程建设规范

隧道发光二极管照明应用技术标准

DG/TJ 08—2141—2020
J 12715—2021

条文说明

2021　上海

目 次

1 总 则 ……………………………………………………… 81
2 术语、符号 ……………………………………………… 82
　2.1 术 语 ……………………………………………… 82
3 LED隧道照明灯具 ……………………………………… 83
　3.1 一般规定 …………………………………………… 83
　3.2 整 灯 ……………………………………………… 83
　3.3 控制装置 …………………………………………… 90
　3.4 模块可互换灯具中的LED模块 …………………… 91
4 隧道LED照明设计 ……………………………………… 92
　4.2 照明质量 …………………………………………… 92
　4.3 照明标准 …………………………………………… 93
　4.4 调 光 ……………………………………………… 93
　4.5 光源、灯具及附属装置选择 ………………………… 93
　4.6 照明方式和设计要求 ……………………………… 94
　4.8 照明控制 …………………………………………… 95
　4.9 节 能 ……………………………………………… 96
5 工程施工 ………………………………………………… 97
　5.1 LED隧道照明灯具安装 …………………………… 97
　5.2 管线安装 …………………………………………… 97
　5.3 其 他 ……………………………………………… 98

6 工程验收 ………………………………………………… 99
　6.2 验收内容 ……………………………………………… 99
7 工程养护 ………………………………………………… 100
　7.1 养护要求……………………………………………… 100

Contents

1 General provisions ············· 81
2 Terms and symbols ············· 82
   2.1 Terms ············· 82
3 LED tunnel luminaire ············· 83
   3.1 General ············· 83
   3.2 Whole luminaire ············· 83
   3.3 Control gear ············· 90
   3.4 LED module for module & control gear interchangeable luminaire ············· 91
4 LED tunnel lighting design ············· 92
   4.2 Lighting quality ············· 92
   4.3 Lighting criteria ············· 93
   4.4 Dimming ············· 93
   4.5 Selection of light sources, luminaires and accessories ············· 93
   4.6 Lighting modes and design requirements ············· 94
   4.8 Lighting control ············· 95
   4.9 Energy saving ············· 96
5 Construction ············· 97
   5.1 Installation of LED tunnel luminaire ············· 97
   5.2 Installation of wiring ············· 97

    5.3   Others ··· 98
6 Acceptance check of work ······························ 99
    6.2   Contents of acceptance check ···················· 99
7 Maintenance ·· 100
    7.1   Requirements of maintenance ···················· 100

1 总　则

1.0.2　其他工程包括从地下穿越既有线路的城市下穿式立交,或者从既有线路上方架桥引起的桥洞等类似工程。

2 术语、符号

2.1 术 语

2.1.4～2.1.5 参考现行国家标准《普通照明用 LED 产品和相关设备术语和定义》GB/T 24826 第 3.19.1 条和第 3.19.2 条修改完善。

2.1.8～2.1.9 参考现行上海市工程建设规范《道路 LED 照明应用技术规范》DG/TJ 08—2182 第 2.1.5 条和第 2.1.6 条中的名词解释。

2.1.14、2.1.17 参考现行国家标准《普通照明用 LED 模块性能要求》GB/T 24823 第 3.4 条中对初始值的名词解释。

3 LED 隧道照明灯具

3.1 一般规定

3.1.1 本标准新增对 LED 隧道照明灯具的一般性能要求。

3.1.2 结合本市 LED 隧道照明灯具应用情况,灯具、LED 模块和控制装置三者为一个整体,其部件不可现场拆分替换的整体式 LED 隧道照明灯具从未使用,本次修订将 LED 隧道照明灯具按结构形式仅分为控制装置可互换灯具和模块可互换灯具,对整体式 LED 隧道照明灯具不再做相关规定。

3.2 整 灯

3.2.1 LED 户外灯具对防护等级的要求须提高到 IP65 以上,才能满足高可靠性的要求,所调研的很多实际工程也验证了这点;控制装置及防水电子连接器等配件也是整灯系统中的重要一环,任何一个环节防护失效都会导致整灯失效;另外,现行行业标准《公路隧道照明灯具》JT/T 609 中也要求隧道灯具防护等级达到 IP65 以上。金属外壳有接地端子和单独的短路保护装置都是为了保证灯具的电气安全。

1 原引用标准《道路与街路照明灯具安全要求》GB 7000.5升版为现行国家标准《灯具 第 2-3 部分:特殊要求 道路与街路照

明灯具》GB 7000.203。

3 明确了LED隧道照明灯具中灯具与控制装置之间采用可插接式防水电子连接器的连接方式。且随着电源行业的技术发展，LED控制装置会产生其他多种规格产品，故删除了前版规范附录A中对于LED控制装置外形尺寸的具体规定。

3.2.2 前版规范中表3.2.2 LED隧道照明灯具外形尺寸规定是基于控制装置恒流350 mA输出的，随着LED光源技术发展，当控制装置恒流输出至1 050 mA时，LED隧道照明灯具中LED模块的t_p温度亦可得到有效控制，使LED隧道照明灯具的系统寿命得到保证。而控制装置不同的恒流输出，对相同额定光通量的LED隧道照明灯具外形尺寸影响很大，很难进行统一规定。

同时，结合本市众多隧道工程案例，在与土建配合过程中，经常会碰到建筑行车限界距结构顶面的空间狭小，灯具安装空间受限，此时要求照明灯具的厚度控制在一定的尺寸范围内，其次根据本市隧道管养单位的反馈，灯具的后期更换维护往往需要登高作业，当灯具外形长度在1.2 m及以下时，便于养护人员单人更换灯具。当灯具长度过长时，往往单个灯具的重量会比较大，有时会需要双人作业，增加后期养护成本和作业风险，故结合本市养护经验，本标准对灯具的厚度和长度进行了统一的规定。

3.2.3 为了保证LED隧道照明灯具在驾驶员视场中的一致性，对其器件的排布方式和发光口面面积也作了统一规定。该指标是依据所调研的LED隧道照明灯具的平均水平来规定的。

3.2.4 LED隧道照明灯具的表面外观质量要求是为了保证美观、长寿命和维护方便。透光材料中的缺陷会大大改变灯具配光曲线，从而影响实际照明效果。

为了方便安装和更换，LED 隧道照明灯具的重量不宜过重。15 kg 对于单个工人安装更换来说是可以实现的。由于本标准将 LED 隧道照明灯具的额定光通量增加至 30 000 lm 档，经调研，大部分厂商的大功率 LED 隧道照明灯具重量在 15 kg～20 kg 之间，同时结合现行国家标准《隧道照明用 LED 灯具性能要求》GB/T 32481 第 6.9 条规定，修订本条。

由于隧道内环境恶劣，废气、盐、烟雾、混凝土和隧道内大气中含有的其他化学物质的腐蚀较严重，为了保证灯的安装强度和长期稳定性，对其所有外部构件材料的强度和防腐性能作了要求。由于铝合金材料散热性能好，目前绝大部分 LED 隧道照明灯具的外壳都是采用铝合金。一般 PC 材料由于可燃且易黄化，因此其可行性需提供证明。电线及可插接式防水电子连接器还均需满足其他方面相关的规范要求，依不同工程而定。

3.2.5 为了实现产品互换，LED 隧道照明灯具与隧道壁的固定安装方式应作统一规定。所推荐的安装方式参考了挂壁式空调的安装方式，经实际检验，操作便捷且可靠性高，对于提高施工安全性和经济性很有帮助。为了方便调整 LED 隧道照明灯具的角度和线形，需要其能横向、纵向调整在灯具上的位置，并且有角度刻盘。由于隧道内存在一定的振动，安装时还须考虑防振动脱落。

3.2.6 LED 隧道照明灯具的单灯光通量是根据不同车道数和车速按照明计算方法理论计算而得。对于采用双侧布灯方式的隧道，单灯光通量可按公式(1)进行计算。

$$光通量 = \frac{亮度标准值 \times 路面亮度比 \times 布灯间距 \times 有效路宽}{2 \times 维护系数 \times 灯配光利用系数} \quad (1)$$

$$有效路宽 = \sum_{}^{n}(每车道宽) + 路边宽 + 2 \times (2\text{ m 墙高})/2 \tag{2}$$

式中：n——车道数。

计算结果见表1。

表1 光通量计算结果(采用双侧布灯方式的隧道)

行车速度 \ 单灯光通量(lm) \ 车道数	两车道	三车道	四车道	亮度标准(cd/m²)	布灯间距(m)
80 km/h	5 017	6 899	8 780	4.5	5.6
60 km/h	2 240	3 080	3 920	2.5	4.5
40 km/h	896	1 232	1 568	1.5	3

对于采用 m 条连续光带形式布置的隧道，单灯光通量可按公式(3)进行计算。

$$光通量 = \frac{亮度标准值 \times 路面照亮度比 \times 布灯间距 \times 有效路宽}{m \times 维护系数 \times 灯配光利用系数} \tag{3}$$

式中：m——灯带数量。

计算结果见表2。

表2 光通量计算结果(采用连续光带形式布置的隧道)

行车速度 \ 单灯光通量(lm) \ 车道数	两车道(1条灯带)	三车道(2条灯带)	亮度标准(cd/m²)	布灯间距(m)
80 km/h	1 971	1 355	4.5	1.1
60 km/h	1 095	753	2.5	1.1
40 km/h	657	452	1.5	1.1

规定值在计算结果的基础上作了归整处理，并考虑了上海实际

情况和隧道出入口加强照明的需要。

由于设计、技术和制造的偏差,量产产品的初始光通量与额定值一般都会存在偏差,所规定的初始光通量容差值一方面为确保照明水平不低于设计值,而且也符合一般厂家的技术水平。

前版规范中的初始灯具效能是基于当时所调研的LED隧道照明灯具的普遍水平而定,随着LED技术水平的进步,前版规范中的初始灯具效能已明显偏低,修订组参考了现行国家标准《道路和隧道照明用LED灯具能效限定值及能效等级》GB 37478中规定的2级能效,修订了本条。

为了实现在产品替换时照明效果保持一致,对LED隧道照明灯具的配光和色温也需作一定的标准化规定,按照灯具的最大投射区域(横向、纵向)对配光形式作了划分,针对不同的隧道类型和布灯形式,选取合理的配光形式。额定色温参考美国标准ANSI C78.377中的规定,具体见表3。另外,根据现行国家标准《隧道照明用LED灯具性能要求》GB/T 32481第6.12.1条规定"额定相关色温(CCT)应不大于5 000 K",因而排除了5 700 K和6 500 K。

表3 额定色温及其对应的色品坐标容差范围

名义值(K)	目标值(K)	容差范围	X	Y
2 700	2 725±145	中心点	0.4578	0.4101
		右上点	0.4813	0.4319
		左上点	0.4562	0.4260
		左下点	0.4373	0.3893
		右下点	0.4593	0.3844
3 000	3 045±175	中心点	0.4338	0.4030
		右上点	0.4562	0.4260
		左上点	0.4299	0.4165
		左下点	0.4147	0.3814
		右下点	0.4373	0.3893

续表3

名义值(K)	目标值(K)	容差范围	X	Y
3 500	3 465±245	中心点	0.4073	0.3917
		右上点	0.4299	0.4165
		左上点	0.3996	0.4015
		左下点	0.3889	0.3690
		右下点	0.4147	0.3814
4 000	3 985±275	中心点	0.3818	0.3797
		右上点	0.4006	0.4044
		左上点	0.3736	0.3874
		左下点	0.3670	0.3578
		右下点	0.3898	0.3716
4 500	4 503±243	中心点	0.3611	0.3658
		右上点	0.3736	0.3874
		左上点	0.3548	0.3736
		左下点	0.3512	0.3465
		右下点	0.3670	0.3578
5 000	5 028±283	中心点	0.3447	0.3553
		右上点	0.3551	0.3760
		左上点	0.3376	0.3616
		左下点	0.3366	0.3369
		右下点	0.3515	0.3487

3.2.7 为了保证LED隧道照明灯具在不稳定的电网条件下能正常工作，因而需要根据当地电网的实际情况，规定灯在规定的某个电压范围内可正常工作。

为了保证LED隧道照明灯具在实际电网中能不受干扰地正常工作且不影响其他电气设备的运行，因此须作EMC方面的规定。

3.2.8 LED 隧道照明灯具的可靠性对于实际应用非常重要。

表 3.2.8 中寿命规定是基于调研目前 LED 技术水平而得,可通过对比 LED 隧道灯具现场亮灯跟踪测试,计算其光衰值进行理论推导验证。具体方法可参考北美照明学会技术标准 TM—21 中关于 LED 寿命的指数衰减模型,LED 的光通量随时间的衰减可按公式(4)进行计算:

$$\phi(t) = B\exp(-\alpha t) \tag{4}$$

推导可得光衰的计算公式(5):

$$光衰 = \left[1 - \exp\left(\frac{T_{test}}{L_{70}}\ln(0.7)\right)\right] \times 100\% \tag{5}$$

因而,对于 50 000 h 的 L_{70} 寿命,不同测试时间所对应的光衰规定见表 4。

表 4　不同测试时间光通维持率与光衰的规定

测试时间	光通维持率	光衰规定
6 000 h	95.8%	≤4%
10 000 h	93.1%	≤7%

温度是直接影响 LED 可靠性的一个重要参数,由于寿命测试需要很长时间,而温度则可快速测得,因此可将温度作为 LED 可靠性的一个间接技术要求。在 LED 寿命测试 LM-80 报告中,t_p 是参考温度,考虑不同的环境温度,LED 模块安装在灯具中正常工作时所测得的 t_p 温度,加上实际隧道最高环境温度与测试 t_p 温度时的环境温度之差,不应超过与其标称寿命所对应的 $t_{p,max}$,且实际工作电流不应高于寿命测试电流。

本次修订考虑到隧道内的振动效应对灯具寿命影响较大,修订组参考现行国家标准《LED 灯具可靠性试验方法》GB/T 33721 中表 7 的规定,对隧道的特殊环境条件增加了振动试验的要求。

3.2.9 本标准仅对 LED 隧道照明灯具的安全性能、光学性能、电学性能和可靠性能等主要性能指标结合本市隧道实际情况作了规定,对于本标准未作规定的 LED 隧道照明灯具其他性能,也应符合现行国家标准《隧道照明用 LED 灯具性能指标》GB/T 32481 的规定。

3.3 控制装置

3.3.1 为了保证控制装置产品互换性,需要对其功率、电流值和输出路数作统一规定。恒流驱动有利于保证 LED 的高可靠性,目前大部分 LED 控制装置均采用恒流驱动方式。按照目前 LED 器件技术水平,规定了四档电流值,并且有一定容差以使不同水平的器件适应整灯光通量标准要求。低电流工作条件下 LED 的效率更高,寿命更长,而高电流则可降低成本。按照目前控制装置的发展水平,推荐控制装置具备恒功率输出功能。经调研,目前大部分的控制装置均采用单路输出,同时为了控制单路最大输出电压,建议大光通量 LED 隧道照明的控制装置采用 2 路输出。

由于控制装置具备了恒功率输出功能,在进行更换时,只需匹配控制装置的额定功率及恒流输出数值,对控制装置的电压输出范围不再有所限制,故对前版规范表中的输出电压范围进行了删除。采用单路输出的控制装置,在大光通量情况下单路最大输出电压可能会较高,因而必须考虑灯具及 LED 模块的绝缘性能与操作安全。

对功率因数和驱动效率的分档及具体技术要求,主要参考了现行国家标准《LED 模块用直流或交流电子控制装置性能要求》GB/T 24825 的相关规定。

3.3.2 为保证控制系统产品的替换性,需要对控制协议作统一规定。LCP-SH 协议的智能控制方式是针对隧道照明特点,为满足本市隧道照明调光控制需求,统一本市隧道 LED 照明调光控制接口而制定的。PWM硬件控制方式实现简单。DC 0～10 V模拟控制方式是国际通用标准。这三种控制方式都在实际工程中得到了成功应用。根据目前技术发展水平,本标准对PWM控制方式的吸收电流值进行了调整。

3.3.3 经调研,在现场工程施工过程中,因控制装置的调光控制接口与电源接口接反导致控制装置损坏的事故时有发生,本次修订参考现行国家标准《灯的控制装置 第14部分:LED模块用直流或交流电子控制装置的特殊要求》GB 19510.14第16章节内容,对LED隧道照明灯具控制装置的调光控制接口作了特殊规定。

3.4 模块可互换灯具中的LED模块

3.4.1 模块可互换灯具中的LED模块,作为独立产品,其安全及性能都有相应国标规定。包括内装式LED模块和独立式LED模块。

3.4.2 所推荐的两款内装式LED模块,经过理论计算和实际试制、试挂测试证明,设计合理,性能稳定,且可大大降低用户维护成本。为保证互换性,对其结构尺寸、光通量、配光、色温、负载电压和接插件作了统一规定。光通量和配光是依据整灯光通量、LED模块尺寸和厂家建议而得。接插件是其关键部件,对其关键性能指标作了要求。

3.4.3 独立式LED模块也是目前市面上常见的一种LED隧道照明灯具结构形式。现行国家标准《LED道路/隧道照明专用模块规格和接口技术要求》GB/T 34846中对独立式LED模块的规定比前版规范的规定更全面、更具体,本次修订对独立式LED模块的技术要求不再单独规定,而是采用引用现行国家标准《LED道路/隧道照明专用模块规格和接口技术要求》GB/T 34846的相关规定。

4 隧道 LED 照明设计

4.2 照明质量

4.2.2 路面车道中线亮度纵向均匀度 U_1 是直接反映隧道道路明暗斑马效应的重要指标,对于单向设计交通量大于等于 1 200 veh/(h·ln)的隧道,要求其 U_1 值不应低于 0.8,宜大于 0.9。

4.2.3 眩光会降低可见度,因此减少眩光非常重要。在隧道照明中,必须考虑生理(失能)眩光。参照《隧道与地道照明准则》CIE 88:2004 中的有关规定,失能眩光由阈值增量 $TI(\%)$ 定量。

4.2.4 本标准对基本照明用和加强照明用 LED 隧道照明灯具的额定相关色温进行了分别规定。设计车速大于等于 80 km/h 的基本照明用隧道灯具色温可选用高档值。

4.2.5 驾车经过亮度在空间上产生周期性变化的区域,如遮光板(包括透光式和不透光式)或分别安装的灯具所产生的变化,会有闪烁的感觉。在特定情况下,闪烁会导致不舒适,有时甚至造成严重的后果。

在连续近线照明中,即一套灯具末端与下一套灯具起始之间的距离小于灯具照射的长度,闪烁不舒适感的产生与频率无关。

闪烁频率的计算如下:将速度(m/s)除以布灯间距(从中心到中心,单位:m)。例如:车速为 60 km/h(16.6 m/s),布灯间距为 4 m,则闪烁频率为 16.6/4=4.2 Hz。

总而言之,频率低于 2.5 Hz 和高于 15 Hz 的频闪效应可以忽略不计。当频率处于 4 Hz～11 Hz 之间、持续时间超过 20 s 时,如果不采取其他措施,则会产生不舒适感。因此,持续时间超过

20 s 的安装路段，建议避免 4 Hz～11 Hz 的频率范围。

4.3 照明标准

4.3.2 由于本市区域内的隧道基本上为城市隧道，入口段照明、过渡段照明、出口段照明及洞外引道照明的亮度标准相对公路隧道会有更高的要求，故本标准将引用标准修改为现行上海市工程建设规范《道路隧道设计标准》DG/TJ 08—2033。

4.3.3 由于行车时驾驶员除了感受到路面的光分布，还会受到一定高度处光分布形成的影响，为了减少这部分光所形成的频闪效应，对隧道两侧 2 m 高范围内的墙面亮度总均匀度作了规定，且不应出现明显的亮斑或暗斑。同时，本标准根据现行上海市工程建设规范《道路隧道设计标准》DG/TJ 08—2033 第 12.1.7 条，对隧道两侧墙面以路面为基准 2 m 高范围内的平均亮度值进行了更新。

4.4 调 光

4.4.1 交通量较大时，隧道中间段路面亮度应与 L_{in} 相等；交通量较小时，隧道中间段路面亮度可调整至 $0.5 L_{in}$，但不小于 1 cd/m²。

4.5 光源、灯具及附属装置选择

4.5.1 本标准修订涵盖了用于加强照明的大光通量 LED 隧道照明灯具，故对大光通量 LED 隧道照明灯具的光源选择作了补充规定。

4.5.2 LED 隧道照明灯具宜能在现场不用工具徒手更换 LED 模块、控制装置及附件。

4.6 照明方式和设计要求

4.6.1 本条规定了照明灯具在隧道横断面上安装的位置。

1 两车道隧道照明灯具在隧道顶部单排居中布置时,灯具的利用系数高,较节能,但不便于检修维护。因此,如果当地交警部门允许该隧道检修时单洞两车道全封交的话,灯具可单排居中布置。

2 通过多种LED隧道照明灯具在三车道或四车道隧道内实测数据表明,当单排居中布置时,均匀度较难满足本标准要求,因此,三车道或四车道隧道中灯具宜双侧布置。

3 本条规定的几种照明灯具布置形式如图1所示。

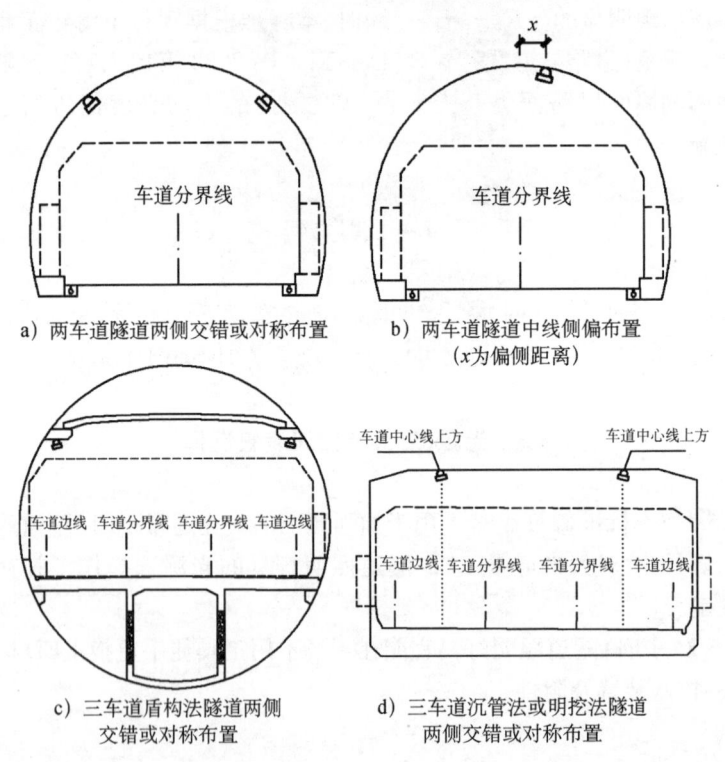

a) 两车道隧道两侧交错或对称布置　　b) 两车道隧道中线侧偏布置
　　　　　　　　　　　　　　　　　　　　(x为偏侧距离)

c) 三车道盾构法隧道两侧　　　　　　d) 三车道沉管法或明挖法隧道
　　交错或对称布置　　　　　　　　　　　两侧交错或对称布置

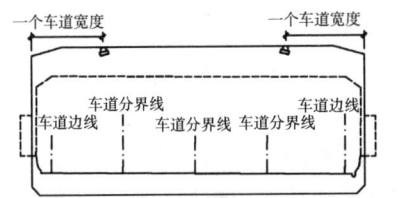

e) 四车道沉管法或明挖法隧道两侧交错或对称布置

图 1　灯具布置形式示例图

4.6.2 本条为隧道曲线段照明应符合的要求。

1 灯具沿曲线外侧布置比沿内侧布置所具有的优点是：

　　1）灯具对提高道路表面亮度的贡献更大。

　　2）灯具能更好的标示道路的走向，即诱导性好。

　　缩小灯具间距的目的是为了更清晰地标示道路走向，并确保路面亮度均匀度。曲率半径越小，灯具的间距也需相应减少。在反向曲线路段上宜在固定的一侧设置灯具，其目的是为了提高诱导性，也便于照明设施的安装和维护。

2 当隧道曲线段采用双侧布灯时，则不宜采用交错布置，因采用交错布置有可能失去诱导，导致交通事故。

4.8　照明控制

4.8.1 本条为采用 LED 照明的隧道其控制系统应满足的要求。

　　LED 照明的特点之一就是易于调光控制，目前，本市采用 LED 照明的隧道基本都采用了调光控制系统，因此，不管是新建工程还是改建工程宜采用调光控制系统。

4.8.2 本标准不再对隧道内照明灯具与 FAS 火灾报警信号的联动控制作相关规定，其内容可参照其他相应标准。

4.8.3 LED 隧道照明灯具能实现无级调光，但为了便于实际操作和运营管理，建议设定一定的调光等级，对应调光等级设定相应的工作模式。

4.9 节　能

4.9.1 本条规定了隧道内照明功率密度值。执行本条时需注意，LED隧道照明灯具安装功率应包括控制装置等附件功耗在内。

LPD值可按照公式(6)进行计算。

$$LPD = P/S \ (W/m^2) \tag{6}$$

式中：P——单套灯整灯(含控制装置等附件)功率值(W)；

S——单套灯照射面积(m^2)。

照射面积 S 的计算，应按照隧道标准横断面取值：在纵向方向(即沿车行方向)应为同一侧的两个相邻灯具的间距(从中心到中心，单位：m)；在横向方向，单侧布灯和中心单排布灯时应为整个隧道道路有效宽度＋道路两侧 2 m 墙高，双侧交错布灯和双侧对称布灯时，应为 1/2 整个隧道道路有效宽度＋道路单侧 2 m 墙高。

5 工程施工

5.1 LED 隧道照明灯具安装

5.1.1 LED 隧道照明灯具一般采用铸件外壳的全密封灯具,即隧道专用灯具,其安装固定必须牢固,在受到车辆行驶振动和气流等外力以及维护维修的情况下不得有任何松动。

5.1.2 本次修订参考现行国家标准《建筑电气工程施工质量验收规范》GB 50303 第 18.1.1 条第 2 款的规定,增加了对重量大于 10 kg 的灯具需要做强度试验的施工要求。

5.1.3 部分隧道内会有顶部局部抬高处,在抬高处宜采用灯具吊架让该处的灯具与其他标准断面的灯具等高。

5.1.5 前版规范原条文对单套灯具设短路保护功能的要求已在本标准第 3.2.1 条第 4 款作了规定,本次修订参考现行国家标准《建筑电气照明装置施工与验收规范》GB 50617 第 4.1.12 条的规定,对不带电的外露可导电部分的接地做了明确要求,使不带电的外露可导电部分在基本绝缘失效时不致带电,以防触电事故的发生。

5.2 管线安装

5.2.4 本次修订对进入接线盒内的导线余量不再做定量要求,只要满足连接可靠,不伤芯线,确保绝缘良好即可。

5.2.5 由于结构变形缝除伸缩缝和沉降缝外,可能还有抗震缝、诱导缝等,故本次修订将前版规范原条文中的伸缩缝、沉降缝统一为结构变形缝,且只要管线经过结构变形缝,不管明敷还是暗敷,均应设置补偿装置。

5.3 其 他

5.3.1 结构墙内有渗漏水,水会沿预埋管线进入隧道照明箱内,因此箱子的进出线管线宜下进下出,不宜上进上出。

6 工程验收

6.2 验收内容

6.2.1~6.2.5 本标准是适用于 LED 照明工程验收,验收内容包括灯具、相关文件、照明质量、控制系统及工程安装,但不局限于此,各工程可根据具体情况进行内容增补。

修订组参考了现行国家标准《建筑电气工程施工质量验收规范》GB 50303 第 3.2.5 条第 1 款的规定,补充了建设单位对不同类型的 LED 隧道照明灯具抽检比例的规定。

7 工程养护

7.1 养护要求

7.1.2 LED模块与传统光源不同,即使光衰达到70%,LED隧道照明灯具还是点亮状态,因此养护单位应定期监测路面亮度情况,当低于标准要求时,应及时更换LED模块,而不是等到LED隧道照明灯具完全发不出光通时才予以更换。同时参考现行上海市工程建设规范《市政道路机电系统维护技术规程》DG/TJ 08—2171表10.7.4,明确了隧道各区段路面亮度的检测周期。

7.1.3 本标准参考现行上海市工程建设规范《市政道路机电系统维护技术规程》DG/TJ 08—2171表10.7.4,明确了隧道照明电源控制系统设备的检测周期。

7.1.4 本标准参考现行上海市工程建设规范《市政道路机电系统维护技术规程》DG/TJ 08—2171表10.7.4对隧道照明的亮灯记录巡视检查周期及亮灯率作了补充规定。

7.1.6 LED芯片的防静电要求较高,建议现场更换芯片时工作人员带防静电手套操作。